Dem Reisenden, der im Norden Islands auf der Ringstraße unterwegs ist und zum ersten Mal zum See Mývatn kommt, tut sich eine Landschaft auf, die mit nichts zu vergleichen ist, was er bisher sah. Wasser, Inseln, Landzungen, Krater, Lavaformationen, Berge ringsum. Kommt er näher, liegt eine tiefe Stille über allem, allenfalls unterbrochen vom Flügelschlag des Sterntauchers oder vom Geschnatter der ballerinahaften Spießente. Aber auch die in großen Säulen über dem Wasser tanzenden Mücken sind Teil des Naturwunders, das sich dem Betrachter auftut, denn gäbe es die Mücken nicht, wäre der Mývatn nicht zum Eldorado für die schönsten Enten Islands, für Vögel, Insekten, Fische – und die Menschen – geworden.

Unnur Jökulsdóttir führt uns mit ihren naturkundlichen und poetischen Betrachtungen in eine unvergleichlich schöne Landschaft. Sie weiß, wo die besten Nistplätze liegen, warum manche Enten hundert Küken im Gefolge haben – und andere keine, und zeigt uns, wie das geheimnisvolle Odinshühnchen die traditionelle Rollenverteilung der Geschlechter auf den Kopf stellt.

»Am See Mývatn wird der Traum von Island Wirklichkeit.«

Lonely Planet

Unnur Jökulsdóttir, Autorin und Journalistin, geboren 1955, verbringt viel Zeit am See Mývatn. Ihr Mann, der Biologe Árni Einarsson, leitet die Mývatn Research Station, für deren Öffentlichkeitsarbeit sie zuständig ist.

Unnur Jökulsdóttir

Vom Flügelschlag des Sterntauchers

Das verborgene Leben am See Mývatn

Aus dem Isländischen von Tina Flecken
Mit vielen Abbildungen

Insel Verlag

Titel der Originalausgabe: *Undur Mývatns – um fugla, flugur, fiska og fólk*,
erschienen bei Mál og menning, Reykjavík, 2018

Der Verlag dankt *The Icelandic Literature Center* für die Förderung der Übersetzung:
ICELANDIC LITERATURE CENTER

Erste Auflage 2019

Druck: GGP Media GmbH, Pößneck
Umschlaggestaltung: hißmann, heilmann, hamburg
Umschlagabbildung: Collage mit Motiven aus den Archiven von Alamy und Getty Images
Printed in Germany
ISBN 978-3-458-17806-4

Inhalt

Vorwort

In den Strahlen der Mitternachtssonne, die im Nordwesten tief am Himmel steht, glüht der See wie geschmolzenes Gold. Der Reisende, der zum ersten Mal zum Mývatn, dem Mückensee, kommt, spaziert hinauf zu den Pseudokratern von Skútustaðir und genießt die spektakuläre Aussicht. Sieht die Sonne ihre Farbe verändern, von Gelb zu Rot, von Rot zu Violett und schließlich zu flammendem Gold, während sie langsam hinter dem pyramidenförmigen Berg Vindbelgur hinabsinkt. Dem Reisenden zeigt sich eine Landschaft, die mit nichts anderem zu vergleichen ist, was er auf seiner Reise durchs Land bislang gesehen hat: Der Mývatn mit seinen Inseln, Landzungen, Kratern, Lavaformationen und Bergen ringsum. Im selben Moment, als die Sonne hinter dem Berg verschwindet, fällt ein magisches Licht auf den See und die Inseln und das angrenzende Land. Tiefe Stille liegt über allem, allenfalls durchbrochen vom Flügelschlag eines Sterntauchers auf dem Weg zu seinem Nachtlager im Norden oder vom Geplapper einiger Odinshühnchen an der Uferlinie. Der rotglühende See und die umliegende Natur offenbaren einen Zauber und eine Mystik, die dem Reisenden unmittelbar bewusst machen, dass es hier eine Fülle von Naturwundern gibt – sichtbare und unsichtbare, begreifliche und unbegreifliche, offenkundige und verborgene.

So erschien mir der Mývatn bei meinem ersten Besuch. Ich fand eine Unterkunft am See, hingerissen von der Schönheit, musste jedoch am nächsten Tag weiterreisen, so wie die allermeisten Touristen, die es dorthin verschlägt. Doch der See und die Bergkette gruben sich in mein Gedächtnis wie eine Traumvision, die sich mir in dieser zauberhaften Mitternacht offenbart hatte. Wen wundert es da, dass es mir wie eine glückliche Fügung des Schicksals vorkam, als ich lange Zeit später zurückkehrte, um in der kleinen Naturforschungsstation am Seeufer zu wohnen und zu arbeiten?

Die Naturforschungsstation am Mývatn befindet sich in Skútustaðir, einer kleinen Ansiedlung an der Südseite des Sees, genauer gesagt im »alten Pfarrhaus«, wie es von den Anwohnern liebevoll genannt wird, auch wenn seit Jahren kein Pfarrer mehr darin gewohnt hat. Die Wissenschaftler, die sich dort aufhalten, nennen die Forschungsstation meistens Ramý, eine Abkürzung für *Náttúrurannsóknastöðin við Mývatn*, oder einfach die Station. Schon das Haus ist faszinierend, mit seinem großen und ungewöhnlichen blauen Dach, dicken Wänden und Sprossenfenstern. Es steht auf einer platten Wiese, die Berge Bjáfjall und Sellandafjall im Hintergrund. Wenn es von der Abendsonne oder von Vollmond und Sternen beschienen wird, wirkt es märchenhaft, fast wie ein Gemälde von Chagall, als könnte jeden Moment ein Geiger quer über den Himmel schweben. Doch hier dreht sich alles um den See und das, was darin lebt.

Vatn. Ist es nicht bemerkenswert, dass es im Isländischen nur ein Wort für höchst unterschiedliche Phänomene gibt? *Vatn* bezeichnet die Materie selbst, Wasser, kann aber auch fließendes Gewässer oder Binnengewässer bedeuten. In Island gibt es Wasser im Überfluss, in den unterschiedlichsten Formen und Zusammenhängen. Die Insel liegt auf der Durchgangsroute der nordatlantischen Tiefdruckgebiete, nahe am Polarkreis. Hier findet man klares Quellwasser, Regenwasser, Gletscherwasser, Schnee, Eis, Gletscher, kochend heiße Quellen und, nicht zu vergessen, das salzige Meerwasser, den großen Ozean, der Island umgibt. Die Kraft des Wassers hatte den größten Anteil an der Formung der Landschaft und des Erscheinungsbilds dieser Insel. Da es sich bei Island um ein vulkanisches und nach erdgeschichtlichen Maßstäben junges Land handelt, ist es vielerorts von Lavafeldern bedeckt, auf denen das gesamte Regenwasser in die Erdschichten sickert und zu Grundwasser wird. In diesen Gegenden gibt es kaum Oberflächenwasser, nur dort, wo es als Quelle unter der Lava entspringt. An anderen Orten, an denen das Gestein älter und fester ist, gibt es mehr Oberflächenwasser. Dort findet man Grundwasser am ehesten in tektonischen Verwerfungen oder Bergstürzen, Geröllhalden oder Flussablagerungen. Das meiste Wasser fließt in Flüssen oder mit der Grundwasserströmung ins Meer, da die Verdunstung an Land relativ gering ist. Manchmal sammelt sich Wasser in Lavasenken oder Mulden, und es entsteht ein Teich oder See. Binnengewässer sind ein eindrucksvolles Phänomen. Sie können wie Edelsteine anmuten oder wie das Auge der Schöpfung, wenn sie leuchten und funkeln, ihre Umgebung oder den Himmel spiegeln. Seen haben eine immense Anziehungskraft, weil sie für Lebewesen notwendig sind – alle brauchen Wasser, Wasser ist die Grundlage des Lebens. Wir bestehen aus Wasser, und wir brauchen Wasser, um zu leben.

Jedes Binnengewässer besitzt ein einzigartiges Ökosystem. Woher kommt das Wasser, das den See füllt, wie fließt es wieder heraus, wohin geht es? Welche Lebewesen existieren in dem See oder an seinem Ufer? Und wie anfällig ist er für Umweltverschmutzung und äußerliche Einflüsse? Wie wird er klarkommen mit der großen Bedrohung der Erde, der globalen Erwärmung?

Wir wissen zwar viel über den Mývatn, aber immer noch nicht genug. Dasselbe gilt für zahlreiche andere Naturschätze auf der ganzen Welt. Deshalb steht in den Leitlinien der Vereinten Nationen: Im Zweifel für die Natur.

Die Naturforschungsstation am Mývatn besteht seit 1974 und verfolgt das ambitionierte Ziel, über einen Zeitraum von hundert Jahren Daten zur Vogel- und Fischpopulation des Sees zu erheben. Hundert Jahre, ein ganzes Jahrhundert! Zu diesem Zweck führen die Mitarbeiter von Ramý regelmäßig Vogelzählungen und Stichproben durch. Die Datensammlung der Forschungsstation geht zurück bis ins Jahr 1975 und gehört zu den weltweit längsten lückenlosen Messungen über den Zustand der Biosphäre in einem Binnensee. Ramý bemüht sich, alle isländischen und ausländischen Wissenschaftler, die diesen Lebensraum erforschen möchten, zu beherbergen, ihnen Zugang zu ihrer Datenbank zu gewähren und sie auf vielfältige Weise zu unterstützen.

Es ist ein Privileg, die Naturforscher bei ihrer Arbeit in dieser wunderschönen Landschaft begleiten zu dürfen, Vögel zu beobachten und ihr Verhalten zu ergründen, zu erfahren, welche Lebewesen sich im Wasser tummeln, mehr über den Zusammenhang der Dinge, über Ursachen und Folgen zu lernen. Und die Evolutionstheorie, ist die hier nicht geradezu greifbar? Wenn Menschen verschiedener Fachrichtungen und aus unterschiedlichen Nationen abends am Küchentisch der Forschungsstation miteinander ins Gespräch kommen, entsteht eine anregende Atmosphäre. Sie fördert die Kreativität und kurbelt die Fantasie an. Man erfährt viel über das Verhalten von Vögeln, das Leben von Insekten, das Schicksal von Süßwasserfischen und verschiedene Dinge über die Biosphäre und die Umgebung des Mývatn, die nicht in wissenschaftlichen Abhandlungen versteckt sein sollten.

Ebenso lehrreich ist es, sich mit den Leuten aus der Nachbarschaft über die Natur, alte und neue Bräuche und Fischfangtechniken zu unterhalten und festzustellen, dass wissenschaftliche Forschungen häufig mit den Beobachtungen eines aufmerksamen Fischers oder Bauern übereinstimmen, der sein ganzes Leben am See verbracht hat.

Gewöhnliches Fettkraut

Ein Mann hat mich – und viele weitere Menschen – mehr als jeder andere mit beispielloser Offenheit und Begeisterung in die Geheimnisse und Wunder des Sees und der Mývatn-Region eingeweiht. Árni Einarsson, Biologe und seit vielen Jahren Leiter der kleinen Forschungsstation, hat sein Lebenswerk der Erforschung und dem Schutz der Natur am Mývatn gewidmet. Ohne ihn gäbe es dieses Buch nicht. Für mich ist er eines der Wunder des Mývatn.

In diesem Buch möchte ich Sie einladen, mit mir gemeinsam die Natur zu beobachten, und weitergeben, was ich über den Mývatn und den Fluss Laxá, über die Nutzung der natürlichen Ressourcen sowie über das Zusammenspiel von Mensch und Natur gelernt habe. Den Lebenslauf der Spatelente verfolgen und sehen, was es braucht, damit aus einem kleinen Küken eine stattliche Ente wird. Untersuchen, was für Tiere diese Mücken tatsächlich sind und warum sie sich so verhalten. Stimmt es, dass in Höhlengewässern kleine Fische leben, deren Populationen sich unterschiedlich entwickeln? Wie ist das eigentlich mit den Forellen im See? Und mit dieser berühmten Grünalge mit dem seltsamen Namen, dieser runden, die jetzt verschwunden ist, dem »Kugeldreck«? Wie kann man nur all diese Vögel zählen? Oder Mücken? Existiert in einem Wassertropfen eine andere Welt, winzig klein und mit bloßem Auge nicht erkennbar? Wie sind die Berge entstanden? Und der See selbst? Begleiten Sie mich, die Wunder des Mývatn zu erkunden!

Die Bergkette

Wie gewaltig und energiegeladen die Welt gewesen sein muss, als dies alles entstanden ist! Ich sitze auf einem Hügel und betrachte den spiegelglatten See und die zahlreichen unterschiedlichen Enten, die friedlich darauf herumpaddeln. Dann wird meine Aufmerksamkeit von der Bergkette gefangen: Bláfjall, Búrfell und Gæsafjöll, fernblau und scharfkantig, die kegelförmigen Berge Hlíðarfjall und Belgjarfjall, der gewölbte Sellandafjall. Langgezogene Bergrücken verbinden diese Erhebungen miteinander, im Vordergrund unzählige grasbewachsene Krater mit tiefschwarzen Hängen aus Felsgeröll zur Wasserseite hin. Zwischen dem Blau des Sees und der Berge wirkt das Grün der Krater noch intensiver.

Der alte Mývatn

Wie ist das alles entstanden? Ich erfahre, dass die alten »Möbel« ausrangiert und neue erschaffen wurden, noch imposanter und ungewöhnlicher als die vorherigen. Blicken wir circa zweitausend Jahre zurück. Damals war die Menschheit noch nicht in jeden Winkel der Erde vorgedrungen, doch in Griechenland, der Wiege der westlichen Kultur, hatte man mächtige Bauwerke errichtet, die heute noch stehen, und Philosophien entwickelt, die bis zum heutigen Tage nützlich sind. Pythagoras, Platon und Aristoteles veröffentlichten ihre Wissenschaften, Schlag auf Schlag. Der Naturphilosoph Thales von Milet (ca. 625-545 v. Chr.), der in einen Brunnen fiel, als er zum Himmel hinaufschaute, um die Sterne zu betrachten, stellte die These auf: »Alles ist Wasser«. Daraus entstand die Theorie, dass das Wasser der Ursprung allen Lebens ist. Nahe dem unbesiedelten Island, in den nordischen Ländern, hatte man nach der Bronzezeit die Eisenzeit erreicht, man baute Schiffe und benutzte Münzen, und archäologische Funde belegen einen Austausch mit den Kulturen des südlichen Teils des Kontinents. Aber wahrscheinlich wusste niemand außer den Zugvögeln von der Insel, die später den Namen Island bekommen sollte. Noch waren es tausend Jahre bis zur Besiedlung. Auf der erdgeschichtlichen Zeitskala ist das nicht lange, aber wenn wir uns erlauben, in menschlichen Generationen zu denken, ist seitdem eine beträchtliche Zeit vergangen.

Vor etwa zweitausend Jahren befand sich an der Stelle des heutigen Mývatn ein anderer See, und Sedimentablagerungen zeigen, dass es ein fruchtbarer Quellsee war, wesentlich tiefer als der neue Mývatn. Die Berge in der mächtigen Gebirgskette rund um den See standen schon alle Spalier. Der alte Mývatn reichte im Halbkreis um den Belgjarfjall herum und plätscherte vermutlich an die Felsen der Süd- und Osthänge des Bergs, dort wo heute der weiße Kot der Gerfalken schimmert. Im Norden reichte er bis zum Teigasund, dem Sund, der heute die Buchten Ytri-Flói und Syðri-

Ehrenpreis

Flói des neuen Mývatn miteinander verbindet, aber nicht weiter, denn dort befand sich damals ein bewaldetes Lavafeld und kein Binnensee. Im Osten reichte der alte See bis zum heutigen Lavafeld Dimmuborgir, und es ist durchaus denkbar, dass er sich sogar bis zum Berg Hverfjall erstreckte, der einige Jahrzehnte oder Jahrhunderte zuvor bei einer gewaltigen explosiven Eruption entstanden war.

Die Eruption, die den neuen Mývatn erschuf

Stellen wir uns einmal vor, dass an diesem unscheinbaren, tiefen alten Mývatn prähistorische Ruhe und Frieden herrschten, als in der Gegend, die heute Þrengsla- und Lúdentaborgir heißt, ein Vulkan ausbrach – in der Spalte, die sich östlich des Sees von Lúdent zur Schlucht Seljahjallagil zieht. Zur selben Zeit gab es auch in einer anderen Spalte weiter südlich eine Eruption, östlich des Sees Grænavatn. Diese Eruption reichte an den großen Ausbruch der Skaftáreldar im Jahr 1783 heran und ähnelte dem Ausbruch im Lavafeld Holuhraun 2014-15, eine gewaltige Spalteneruption mit starkem Lavastrom. Die Lava überrollte den alten Mývatn und gestaltete ihn um, floss in die Talsenke und breitete sich nach Westen hin aus. Nach dem ersten Lavastrom floss die Lava in Rinnen, einer Art Lavatunneln, und ergoss sich in den See. Als das Wasser in den Sedimentschichten auf dem Seegrund mit der glühend heißen Lava in Berührung kam, gab es heftige Dampfexplosionen, ähnlich wie bei einer Eruption unter einem Gletscher. Bei diesen Explosionen kocht die Magma auf und schießt hoch in die Luft, wie bei einem echten Vulkanausbruch aus dem Erdinneren. Solche Eruptionen sind jedoch nur »Pseudo-Eruptionen«, lokale Explosionen in fließender Lava. Das Magma wälzt sich in geschlossenen Röhren unter der Lavadecke weiter, und die Explosionen dauern stunden- oder sogar tagelang an denselben Stellen an. Die glühende Magma fließt weiter durch diese Rinnen in den See und kommt auch weiterhin mit dem Wasser in Berührung. Durch die ständigen Explosionen bilden sich die Pseudokrater, die charakteristischen Hügel am Mývatn.

Man stelle sich dieses Spektakel vor, großartiger als jedes Feuerwerk, ein Schauspiel der Natur in all ihrer Macht, bei dem neues Land entsteht. Ich sehe die glühende Lava vor mir, die sich ungezügelt über alles Vorhandene wälzt, hinein in das schäumende Wasser, wo Dampf aufsteigt, ich rieche den intensiven Gestank nach Schwefel, stelle mir den Lärm vor, das Zischen, das Brodeln. Ein apokalyptischer Zustand, der das Ende mit sich brachte – und einen neuen Anfang. Der den See zerstörte – und einen neuen schuf. Ja, es ist viel passiert in dieser kochenden Hölle. Doch innerhalb von tausend Jahren konnte sich die Landschaft regenerieren und so wunderschön werden, wie sie heute ist: moosbedeckt, grasbewachsen und blumenverziert.

Pseudokrater

Die Pseudokrater sind der Adel des neuen Mývatn. Diese unverwechselbaren grasbewachsenen Krater umrahmen den See und verleihen ihm einen besonderen Reiz und eine Fremdartigkeit, die man sonst nirgendwo findet. Die Inseln, die den See schmücken, sind ebenfalls Pseudokrater.

Pseudokrater sind weltweit selten, man findet sie zum Beispiel auf Hawaii, wo sie entstehen, wenn Lava ins Meer fließt. Durch Dampfexplosionen bricht die Lava auf, und es bildet sich eine Art Schelf aus Lavabrocken, über den weiter Lava fließt. Das Meerwasser gelangt unter die glühende Lava, und es kommt zu explosiven Eruptionen. Die dadurch entstandenen Krater werden umgehend von der Brandung abgeschliffen.

Ja, Pseudokrater sind rar auf unserer Erde, aber auf dem Mars gibt es sie zuhauf. Große Flächen dieses Planeten sind mit solchen Kratern bedeckt, und Wissenschaftler vermuten, dass dort Lava über Eis geflossen ist. Im Sommer 2013 kamen ausländische Experten zum Mývatn, um die hiesigen »Mars-Krater« zu erforschen. Sie waren besonders interessiert an Doppelkratern, kleine Krater innerhalb von größeren, denn solche Krater hatten sie auf Bildern vom roten Planeten entdeckt.

In Island gibt es auch an anderen Orten Pseudokrater, aber nirgends sind sie so schön geformt wie am Mývatn. Es wird sogar behauptet, die mývatnschen Pseudokrater seien die formvollendetsten auf der ganzen Welt. Der Grund für ihre Ästhetik ist wohl zum Teil auf die lange Dauer der Eruptionen zurückzuführen, zudem war die Explosionskraft so stark, dass sich

Pseudokrater

weit geöffnete, formschöne Krater bilden konnten. Die Leute am Mývatn nannten die Kraterhügel umgangssprachlich nicht Krater, sondern Hügel, Felshöcker oder Gipfel und die Löcher darin Kessel.

Anfangs dachten die Geologen, die Pseudokrater seien »echte« Krater und bei sogenannten lokalen Eruptionen entstanden; geschmolzene Magma habe sich unter dem Gebiet befunden und sei auf irgendeine Weise hervorgebrochen. Erst der bekannte Geologe Sigurður Þórarinsson fand heraus, was wirklich passiert war, und gab diesem Phänomen den Namen Pseudokrater.

Wir wissen nicht, wie lange der Þrengslaborgir-Ausbruch dauerte, doch das anschließende Szenario muss apokalyptisch angemutet haben: schwarze dampfende Lava und Schlacke, zu bizarren Formen erstarrt, alles Lebendige im alten Mývatn tot und die Vögel geflohen. Alles war neu erschaffen, Land und Wasser, und es wird nicht viel Zeit vergangen sein, bis Flüsse, Bäche und Seen sich mit winzigen Lebewesen füllten und Moose und Flechten sich auf den schwarzen Lavafeldern ausbreiteten. Mückenschwärme aus dem nährstoffreichen Wasser begannen unverzüglich, die Ufer zu befruchten und das Graswachstum anzukurbeln, und flinke Forellen und herausgeputzte Enten ließen bestimmt nicht lange auf sich warten.

Die Berge rund um den See

Die Berge rund um den Mývatn waren wohl die einzigen Zuschauer dieser gewaltigen Vulkanshow. Begeben wir uns auf eine der Inseln und betrachten wir das Bergpanorama. Nehmen wir einen hellen Sommertag, wenn weder die Sonne noch die Berge von Wolken überschattet werden. Überall sind Berge, 360 Grad, und sie scheinen alle von unterschiedlicher Beschaffenheit und Form zu sein. Es ist, als stünde man in einem lebendigen Geologiebuch.

Die Leute am Mývatn lieben ihre Berge, und jeder hat einen Lieblingsberg. Wenn man nicht weiß, worüber man mit einem Einheimischen reden soll, kann man immer ein Gespräch über die Berge beginnen. Etwa darüber, wie sich die Berge durch die unterschiedlichen Lichtverhältnisse und das Schauspiel des Himmels und der Gestirne ständig verändern. Oder darüber, wie man sie am besten besteigen kann, für welches Motiv sie den schönsten Hintergrund bilden, wie sie aus einer anderen Perspektive wirken, oder welcher von ihnen der einzig wahre Mývatn-Berg ist!

Es ist bezeichnend für diese vulkanische Gegend, dass fast jeder Berg oder Gebirgskamm bei einem Vulkanausbruch entstanden ist. Außerhalb der vulkanischen Zone sind die Berge nur Stücke eines größeren Kuchens, gestapelte Lavaschichten, die der Eiszeitgletscher in Häppchen geschnitten hat. Doch am Mývatn ist jeder Berg ein Denkmal an einen speziellen Vulkanausbruch oder eine Ausbruchserie. Alles, was nennenswert aus der Lavaebene aufragt, sind Berge, die sich bei Vulkanausbrüchen unter Gletschern gebildet haben. Diese Berge sind am auffälligsten. An den Stellen, wo es nach der Eiszeit zu Eruptionen kam, befinden sich meist kleine Krater, die nicht sehr hoch sind, weil die Lava leicht von ihnen abfloss.

Beginnen wir mit den markanten Bergen und betrachten wir den Bláfjall im Südosten, einen der jüngsten Berge in diesem Kreis. Der Bláfjall ist ein besonders majestätischer Berg, der in der Gegend große Ehrfurcht genießt. Er ist ein Tafelvulkan, entstanden bei einer subglazialen Eruption, die so lange andauerte, dass sie das Eis zum Schmelzen brachte und sich einen Weg nach oben bahnte. Es gibt noch mehr solche Berge im Panorama, zum Beispiel den Sellandafjall im Süden, etwas unscheinbarer und älter als der Bláfjall. Hier bewegte sich das Gletschereis etwas später und schliff die schärfsten Kanten ab. Der Berg ist schön geformt und sanft geschwungen und holt beim Schönheitswettbewerb der Berge jedes Jahr ein Stück auf. Der Búrfell, der östlich der beiden steht, ist ebenfalls ein Tafelvulkan, ein prachtvoller Berg, aber etwas im Hintergrund, genau wie Gæsafjöll und Krafla. Diese Berge sind alle recht steil, und ihre Form erinnert unverkennbar ein wenig an einen Brotlaib.

Ein weiterer charakteristischer Berg dieser Gegend ist natürlich der kegelförmige Vindbelgjarfjall, die Pyramide im Westen, die von vielen Vindbelgur, von den Einheimischen aber meistens Belgjarfjall genannt wird. An der Nordseite des Bergs klebt ein gewölbter Rüssel, der den Namen Buski trägt. An der Ostseite liegen Skútahellir, Skútas Höhle, und Skútaskriða, Skútas Bergsturz. Dort soll sich der Sagaheld Víga-Skúta angeblich gegen seine Feinde verteidigt haben, was in der Saga jedoch nicht erwähnt wird. Eine Zeit lang habe ich im Schutz des Belgjarfjall gewohnt und kann bestätigen, dass der Berg eine einzigartige Ausstrahlung hat. Er fordert einen regelrecht zur Besteigung auf, und oben angekommen hat man einen fantastischen Blick auf den See und die gesamte Umgebung. Der Belgjarfjall ist ein Palagonitkegel. Bei seiner Entstehung eruptierte es hauptsächlich an einer Stelle, aber nicht lange genug, um den Gletscher zum Schmelzen zu bringen. Deshalb wölbte sich der Berg nicht schildartig auf, sondern bildete eine Kegelform.

Dasselbe gilt für den Hlíðarfjall im Norden, der jedoch nicht aus Tuff, sondern aus Rhyolith besteht. Das Nesthäkchen in der Bergkette dürfen wir nicht vergessen zu erwähnen, den Hverfjall, einen Tuffring, der vor etwa 2500 Jahren entstanden ist, kurz vor dem Þrengslaborgir-Ausbruch und lange nach dem Ende der Eiszeit. Der Hverfjall sieht aus wie eine moderne Skulptur, elegant und unverwechselbar. Sein Krater ist riesengroß und genauso tief, wie der Berg hoch ist. Bei guten Lichtverhältnissen kann man, wenn man genau hinschaut, hinter dem Hverfjall einen ähnlichen Krater erkennen. Er heißt Lúdentarskál.

Die anderen Berge sind größtenteils Palagonitrücken, die bei Spalteneruptionen, ähnlich dem Þrengslaborgir-Ausbruch, entstanden sind, jedoch unter dem Gletscher, sodass sich das vulkanische Material auftürmte. Richtung Süden sehen wir in der Ferne das Bergmassiv Dyngjufjöll mit der Askja. Bei den Dyngjufjöll handelt es sich um einen Zentralvulkan, so nennt man riesige Vulkane, die immer wieder ausbrechen und sich aus verschiedenen vulkanischen Materialien aufgebaut haben. Weit im Süden erhascht man an klaren Tagen einen Blick auf Trölladyngja und Bárðarbunga.

Der imposanteste Berg ist jedoch der, den man nicht sieht. Beim Krafla-Gebiet nordöstlich des Sees handelt es sich nämlich um einen riesigen Zentralvulkan. Einst stand dort ein mächtiger Berg, vielleicht etwas niedriger als der Snæfellsjökull, weil die Erdkruste in der Vulkanzone dünn und rissig ist und keine hohen Berge tragen kann. Vor zweihunderttausend Jahren gab es einen katastrophalen Ausbruch, der auf dem gesamten Grund des Nordatlantiks eine Ascheschicht hinterließ. Er riss ein gigantisches Loch in die Erde, eine riesengroße Caldera, die sich seitdem nach und nach mit vulkanischem Material gefüllt hat. Der Berg selbst ist verschwunden, ebenso wie die Caldera, denn sie ist heute bis zum Rand voll mit Lava.

Vulkanausbrüche in historischer Zeit

Seit Beginn der Geschichtsschreibung gab es in dieser Gegend zwei Ausbrüche oder Ausbruchserien: Die Mývatn-Feuer von 1724-29 und die Krafla-Feuer von 1975-84. Bei den Mývatn-Feuern wurde der Ort Reykjahlíð zeitweise verlassen, und zwei Höfe wurden von der Lava zerstört. Die Ausbruchserie war eine erdgeschichtliche Sensation, die mit einer starken explosiven Eruption begann, gefolgt von weiteren Ausbrüchen in den darauffolgenden Jahren, bis sich die Lava am Ende in den Mývatn ergoss. Es handelt sich um die Fladenlava, die wir zwischen Reykjahlíð und Grímsstaðir sehen und die das Nordufer des Sees bildet. Bei diesem legendären Vulkanausbruch floss der Lavastrom rings um die Kirche von Reykjahlíð, das Gotteshaus selbst blieb jedoch unversehrt. Trotzdem wurde es abgerissen, um das Holz vor dem nächsten Ausbruch in Sicherheit zu bringen. Der kam aber nicht, und am Ende wurde die Kirche an derselben Stelle neu errichtet. Der Pfarrer von Reykjahlíð, Pastor Jón Sæmundsson, hielt diese Ereignisse schriftlich fest, doch niemand verstand sie so richtig, bis 250 Jahre später die Krafla-Feuer begannen. Da sahen die Leute mit eigenen Augen, was der Pfarrer geschildert hatte, und erkannten, dass sein Bericht über die Mývatn-Feuer sehr realistisch war.

Neben diesen beiden Ausbruchserien, einer Eruption im Jahr 1875 weiter östlich im Hochland, bei dem das Lavafeld Nýjahraun entstanden ist, sowie einem kleinen Ausbruch des Leirhnjúkur 1746 gab es in historischer Zeit, soweit bekannt, keine weiteren Vulkanausbrüche im Mývatn-Gebiet. Zur Besiedlungszeit brach östlich des Sees noch ein Vulkan aus, aber man weiß nicht sicher, ob der nur zu Ehren seiner selbst und der Berge eruptierte, so wie beim Þrengslaborgir-Ausbruch, oder ob er die neuen Siedler in Angst und Schrecken versetzte. Der

Lavastrom, der damals ausgespien wurde, floss fast im Kreis um den Hverfjall herum.

Ein leichter Schauer durchfährt mich in der Friedlichkeit dieses hellen Sommerabends, und mir kommt der Gedanke, wann wohl mit dem nächsten Ausbruch zu rechnen ist. Das lässt sich nicht exakt vorhersagen, aber es gibt Muster in der Eruptionsgeschichte, die uns zeigen, dass Ausbruchserien mit sehr langen Abständen stattfinden. Die Erdkruste dehnt und streckt sich über einen langen Zeitraum, platzt plötzlich auf, und dann bricht so gut wie sicher irgendwo ein Feuer aus. Gegenwärtig hat sich die Spannung in der Erdkruste durch die Krafla-Feuer gelöst, weshalb es unwahrscheinlich ist, dass die Natur an dieser Stelle in nächster Zeit ein Feuerwerk veranstaltet. Ich kann mich also entspannen und weiter die abendglatte Seeoberfläche und die hügelgeschmückte Landschaft betrachten. Wer diese Naturschönheit wohl zuallererst erleben durfte? Bestimmt ein Vogel, der als Erster an diesen See mit all seiner neu erschaffenen Pracht geflogen kam.

Kleines Wintergrün

Vogelzählung

> Denn ein Vogel ist vor allem Bewegung; der Himmel ist ein Teil des Vogels, oder besser gesagt: Luft und Vogel sind eins; eine weite Reise immer geradeaus ohne die Erde, das ist ein Vogel; und Wärme, denn dem Vogel ist wärmer als dem Menschen, und sein Herz schlägt rascher; er ist auch glücklicher, wie man an seiner Stimme hören kann, keine Stimme ist wie Vogelzwitschern, und ein Vogel, der nicht zwitschert, ist kein Vogel.
>
> *Halldór Laxness, Atomstation*

Wer hätte nicht gern Flügel wie die Vögel am Himmel? Diese glücklichen Geschöpfe sind sich selbst genug und fliegen aus eigenem Antrieb von Ort zu Ort. Vögel sind Symbole der Freiheit. Sie sind den Isländern lieb und teuer, kommen mit dem Frühling und erfüllen die Luft mit Freude und Gesang. Einige verabschieden sich im Herbst wieder, andere verharren im Winter bei strengem Frost und Schneesturm. Wir bewundern sie und beneiden sie sogar ein wenig.

Wir können uns zwar nicht mit Flügeln durch die Lüfte schwingen, aber wir können Vögel beobachten und ihr Dasein erkunden. Zur Vogelbeobachtung braucht man nichts anderes als Augen und Ohren, das ist nicht kompliziert. Man geht hinaus an die frische Luft und sucht sich einen geeigneten Hügel, ein

Wäldchen, einen See oder eine Klippe und wartet auf Vögel. Man muss noch nicht einmal vor die Tür gehen, oft kann man Vögel auch durchs Fenster beobachten. Oder man lockt sie mit Futter und Schutzvorrichtungen an. Einige Leute können auch Vogellaute imitieren, ein schlauer Trick, um Vögel herbeizurufen.

Manche Vogelbeobachter gehen die Sache systematischer an, beobachten die Vögel gezielter, registrieren und »sammeln« Arten. Sie sind mit guten Ferngläsern, Teleskopen, Bestimmungsbüchern und Notizheften bewaffnet, stehen in aller Herrgottsfrühe auf und gehen auf Vogelbeobachtung. Einige betreiben Webseiten und veröffentlichen Meldungen über die Ankunft der Zugvögel und – noch wichtiger – die Beobachtung von Irrgästen und seltenen Vögeln. Vor den Zeiten des Internets breiteten sich Neuigkeiten über ungewöhnliche Besuche in der Welt der Hobby-Ornithologen mit rasender Geschwindigkeit aus. Die Telefone schrillten, die Nachricht wurde im Laufschritt überbracht, und man holte die Leute vom Feld oder aus dem Büro. Es gibt Geschichten von Vogelfreunden, die spontan alles stehen und liegen ließen und kurz darauf am anderen Ende des Landes auftauchten, um eine Mandarinente, einen Zwergschwan oder eine Wasserralle zu sehen.

Einmal durfte ich dieses Netzwerk von Hobby-Ornithologen hautnah kennenlernen. An einem kleinen Teich in der Nähe meines Hauses erschien eines Herbstes ein Purpurreiher. Gelegentlich sah man dort zu dieser Jahreszeit Graureiher, was ich schon besonders und spannend genug fand, aber nun erklärte mir ein vogelkundiger Herr, dass dieser rote Verwandte des Graureihers in Island eine seltene Kostbarkeit sei. Es war großartig, zu beobachten, wie der Purpurreiher auf seinen langen, dünnen Beinen dastand und ins Wasser starrte, um zu ergründen, was dieser isländische Teich zu bieten hatte. Oder ihn losfliegen und aufsteigen zu sehen, die eine Körperhälfte flatterte wie eine Plastiktüte im Wind, so lang und unbeholfen, der Hals schlenkerte bei jedem Flügelschlag auf und ab, und die Beine baumelten schlackernd herunter. Er schien sich mehr aus Willenskraft denn aus Flugvermögen fortzubewegen. Ich empfand es als großes Glück, direkt vor meiner Haustür mit diesem exotischen Sonderling allein zu sein. Doch es dauerte nicht lange, bis die Vogelpaparazzi auftauchten, Männer mit langen Objektiven und Fernrohren. (Nein, war tatsächlich keine einzige Frau dabei …) Am Abend konnten die Hobby-Ornithologen ein neues Kreuzchen in ihre Vogelbücher machen. Das muss ein gutes Gefühl sein! Aber dem Purpurreiher gefiel die Aufmerksamkeit nicht, und er machte sich aus dem Staub. Er ließ sich nicht in Island nieder, fand das Nahrungsangebot wohl zu uninteressant und beschloss, sich zu neuen Gefilden aufzumachen – oder zu alten und vertrauten.

Den Kenntnissen der Hobby-Ornithologen muss man großen Respekt zollen, zumal viele von ihnen bei der Organisation und Durchführung von Vogelzählungen und -markierungen mitmachen. Jeder Vogelbeobachter hat einen guten Grund für sein Hobby, das manchmal an Besessenheit grenzt, in jedem Fall an Bewunderung, oder gar an Liebe? Der Grund könnte einfach der sein, dass man eine gute Entschuldigung dafür hat, Zeit draußen in der Natur zu verbringen und den Alltagsstress zu vergessen. Aber auch echte Neugier auf das Leben und Verhalten von Vögeln. Oder einfach nur Sinn für Ästhetik.

Doch Hobby ist das eine und wissenschaftliche Arbeit das andere. Wissenschaftler, die Vögel erforschen und am meisten über die Tiere und ihr Verhalten wissen, nennt man bekanntermaßen Ornithologen. Zu den Aufgaben der Ornithologen in der Forschungsstation am Mývatn gehört das Zählen der Vögel.

Zugvögel ziehen nicht aus Heimatliebe oder Abenteuerlust von einem Ort der Welt zum anderen, wie die alten Dichter und unsere romantischen Seelen gern glauben würden. Sie kommen im Frühling nach Island, weil sie hier in der Regel viel und gute Nahrung für sich und ihren Nachwuchs finden. Der Mývatn hat seit jeher eine besonders große Nahrungsauswahl für reisemüde Vögel im Angebot, die während eines hellen Sommers eine Familie durchbringen möchten.

Gehen wir mit auf die alljährliche Vogelzählung im Frühjahr – es gibt kaum eine bessere Gelegenheit, um die Vögel und ihren Lebensraum zu beobachten und zu erkunden. Diesen Frühling habe ich die Aufgabe der ergebenen Sekretärin übernommen und folge mit Klemmbrett und Bleistift dem Vogelzähler, der mit Fernglas um den Hals und weitreichendem Teleskop samt Stativ unter dem Arm voranschreitet. Wir wandern über schmale Schafpfade, stapfen durch feuchtes Moorland, kraxeln auf Grashöcker, stolpern über Lavabrocken und springen über Löcher und Spalten. Diese Zählung wird mich an unzählige Orte führen, an denen ich noch nie war und an die ich sonst wohl auch nie gekommen wäre. Der Mývatn, die Inseln, die Hügel am Seeufer und die Berge ringsum formieren sich immer wieder neu, präsentieren sich in großem Einfallsreichtum aus stets neuen Perspektiven. Die Landschaft am Mývatn hat unendlich viele Erscheinungsbilder, abhängig davon, wo der Betrachter sich gerade befindet.

Das Hundert-Jahre-Ziel

Wie in aller Welt ist es möglich, Vögel zu zählen?, wird man oft gefragt, wenn das Gespräch auf Vogelzählungen kommt. Zählt man nicht immer wieder dieselben Vögel? Sie schwimmen, tauchen und fliegen doch hin und her! Und am Mývatn gibt es so wahnsinnig viele! Ist es nicht ein Ding der Unmöglichkeit, sie zu zählen?

Als die Vogelzählungen der Station begannen, hatte man das ehrgeizige Ziel, die Tiere hundert Jahre lang nach derselben Methode zu zählen. Es gab kein spezielles ausländisches Modell für diese Vorgehensweise, aber die lange Zeitspanne hatte Einfluss auf die Durchführung. Durch solche Langzeitstudien ist es tatsächlich möglich, die Entwicklung der Bestandsgröße und den Einfluss von Umweltveränderungen auf die Vögel zu dokumentieren. Die Idee war, die Zählung mit geringem Aufwand, kostengünstig und schnell durchzuführen, unabhängig von wirtschaftlichen und politischen Rahmenbedingungen. Eine Person sollte die Zählung notfalls auch allein ausführen können – selbst wenn es zu Erdbeben, Vulkanausbrüchen, Krieg oder anderen Katastrophen käme. Und zwischen 1975-84 gab es tatsächlich Erdbeben und Vulkanausbrüche. Trotz der instabilen Lage wurden immer Vögel gezählt. Später kamen der Finanzkollaps und die Wirtschaftskrise, und es wurden weiter Vögel gezählt.

Odinshühnchen

Gebiete und Vergleichsgebiete

Die erste Zählung findet im Frühjahr statt, kurz nach dem Eintreffen der Zugvögel. Sie muss innerhalb von drei Wochen durchgeführt werden, idealerweise bevor die Brut so weit vorangeschritten ist, dass die Erpel die Brutgebiete verlassen. Im Spätsommer wird gezählt, wie viele Jungvögel großgezogen wurden und wie viele erwachsene Vögel noch da sind. Man muss bedenken, dass die Vogelzählungen im Grunde eine Einschätzung der Dichte sind, das heißt, wie dicht die Vogelpopulation ist. Es spielt keine große Rolle, ob ein bestimmter Vogel von einem Gebiet zum anderen fliegt (was die Tiere zu dieser Zeit allerdings nur sehr selten tun), sondern man ermittelt die Anzahl der Vögel auf einer festgelegten Fläche. Diese Zahlen lassen sich dann damit vergleichen, wie viele Jungvögel im Jahr zuvor großgezogen wurden, sowie mit den Lebensbedingungen in den Winterquartieren.

Bei der Frühjahrszählung durchforstet man das gesamte Gebiet und zählt alle Vögel, die man auf dem offenen Wasser und den Wiesen sieht. Sämtliche Wasserflächen in der Mývatn-Gegend werden kontrolliert: der Mývatn selbst sowie weitere Seen und Teiche innerhalb der Bergkette, außerdem der Fluss Laxá von der Quelle bis zur Mündung und ein Großteil der Sumpfgebiete an diesen Gewässern. Darüber hinaus werden auf dem See Svartárvatn im Bárðardalur sowie im Svarfaðardalur Vögel gezählt, damit man einen Vergleichswert hat und einschätzen kann, wie sich die Vogelpopulationen in der Nachbarschaft entwickeln. Es gilt die wissenschaftliche Regel, dass man ein Äquivalent haben sollte, aber oft müssen sich Naturforscher mit einem Vergleichswert zwischen den Jahren begnügen. Bei der Erforschung des Mývatn ist es wichtig, zu wissen, was in den angrenzenden Gebieten passiert, ob die auftretenden Abweichungen an den See gebunden sind oder auch an anderen Stellen auftreten. Der Fokus liegt auf der Zählung der Männchen, denn die Weibchen verstecken sich eher. Manche sitzen schon früh auf den Nestern und zeigen sich nicht auf dem See.

Gerfalke

Die Vogelzählungen verfolgen im Grunde zwei Absichten. Zum einen eine rein wissenschaftliche: Ausgehend von den Zählungen kann man die Ursachen für die Größe der Entenpopulation und die Anzahl der Vögel auf dem Mývatn und der Laxá erforschen.

Zum anderen geht es um Naturschutzaspekte. Man muss untersuchen, ob der Lebensraum durch den Eingriff des Menschen in Mitleidenschaft gezogen wird. Deshalb sind die Zählungen eine Art Alarmanlage. Zu den Aufgaben der Naturschutzstation am Mývatn gehört es, die Natur zu beobachten und herauszufinden, ob es Anzeichen unerwünschter Veränderungen gibt, die sich auf den Menschen zurückführen lassen. Diese beiden Aspekte, der wissenschaftliche und der Naturschutzaspekt, überschneiden sich natürlich. Der Schutz der Biosphäre am Mývatn gründet sich nicht nur auf Beschreibungen des Vorhandenen, sondern wir müssen auch wissen, warum dieser Lebensraum so ist, wie er ist.

Was man braucht

Wir gehen hinaus in den frösteligen nordisländischen Frühling. Es ist Mitte Mai, und obwohl der Morgen kalt ist, scheint die Sonne am wolkenlosen Himmel. Die Checkliste liest sich ungefähr so: Teleskop, Fernglas, Vogelzähllisten und Klemmbrett, Bleistift mit Radiergummi (und sehr wichtig, Ersatzbleistifte!), Brille, Sonnenbrille, Sonnencreme, Mütze, Fingerhandschuhe, lange wollene Unterhose, Fleecepulli, Daunenjacke … Rucksack, Thermoskanne, Proviant.

Laut Vorschrift beginnt die Vogelzählung nie vor neun Uhr morgens. Trotzdem macht es Spaß, schon früher loszugehen und einen Blick auf die Teiche, Seeufer und Flüsse zu werfen. Zu dieser Zeit sind die Vögel dort mit ihrer morgendlichen Routine beschäftigt, bevor sie sich zur Nahrungssuche hinaus auf den See begeben. Es ist ein großes Schauspiel, die Vögel in dieser ereignisreichen Jahreszeit zu beobachten. An diesem Morgen bleiben wir, kurz nachdem wir aufgebrochen sind, auf dem Weg stehen und beobachten lange ein Entenpaar, das einen Teil des Sees vor unserem Haus in Beschlag genommen hat. Ein einzelner Erpel legt sich mit dem Pärchen an, bestimmt mit der Absicht, das Weibchen zu betören und für sich zu gewinnen. Ein Stück weiter draußen schwimmt ein Ohrentaucher. Die Erpel tragen schon lange ihr Prachtkleid und wandeln auf Freiersfüßen, die Weibchen sind emsig, geschäftig und ein bisschen überheblich.

Auch wenn ich behauptet habe, man brauche zum Vogelbeobachten nichts anderes als Augen und Ohren, ist es natürlich am besten, ein gutes Fernglas dabeizuhaben. Damit wird man fast selbst zum Vogel. Mit einem guten Fernglas kommt man so nah heran, dass man in die markanten Augen der Spatelenten schauen kann, in seine gelben und in ihre grünlichen. Man kann die Form seines ausgefallenen Kopfes ausgiebig studieren, kann beobachten, wie er ihr auf Schritt und Tritt folgt und jede ihrer Bewegungen überwacht – wie ein stolzer Sportstar, der sich ein Supermodel geangelt hat, das er sich von niemandem mehr wegnehmen lässt. Sie ist ganz mit sich selbst beschäftigt und wirkt unbeeindruckt, zieht auf dem Wasser ihre Kreise und sucht nach Mücken. Sie braucht in dieser Zeit sehr viel Nahrung, ihr Körper konzentriert sich darauf, Eier zu produzieren, die in ihrer Gesamtheit genauso schwer sind wie sie selbst.

Die Zählung

Die erste Zählstelle an diesem Maimorgen ist die Landspitze Mannhöfði am Grænavatn, dem kleinen See südlich des Mývatn. Darin gibt es eine Unmenge eiskalter Quellen, und der Bach Grænilækur fließt von hier in den Mývatn.

Es ist Punkt neun Uhr. Der See liegt still und glatt vor uns und ist voller Vögel, die mitsamt ihren Spiegelbildern umhergleiten und den Tag begrüßen. Als wir uns nähern, schrecken wir die Vögel kurz auf, sie entfernen sich ein Stück auf den See hinaus, mit unterschiedlichem Gebaren, die Gänse am lautesten mit schrillen Schreien und großem Rabatz.

Kleine Odinshühnchen, oder Schwimmhühnchen wie sie hier genannt werden, wecken meine Aufmerksamkeit, fünf, sechs Stück auf der Wasseroberfläche ganz dicht am Ufer. Sie lassen sich von unserer Ankuft nicht bei ihrem geschäftigen Treiben stören. Lange galten Odinshühnchen als die geheimnisvollsten Vögel, weil niemand genau wusste, woher sie im Frühling kamen, doch inzwischen hat man herausgefunden, dass sie sich im Winter vor der Küste Perus aufhalten. Sie sind auch deshalb bemerkenswert, weil sie die traditionelle Rollenverteilung der Geschlechter auf den Kopf stellen. Bei den Odinshühnchen sind es die Weibchen, die größer und bunter sind, die Initiative zur Paarung ergreifen und um die Männchen kämpfen, und wenn sie ihre Eier abgelegt haben, übernehmen die Männchen das Brüten.

Ich reiße mich von diesen außergewöhnlichen, hübschen Vögeln los und schaue auf mein Zählblatt. Es ist auf pergamentgelbem Dokumentenpapier in Spalten gedruckt, und am Anfang jeder Spalte stehen die ersten drei Buchstaben der wichtigsten Enten- und Vogelarten, die bei den Zählungen berücksichtigt werden. Für jede Art gibt es drei Zeilen, in der obersten Zeile steht P für Vogelpaar, in der zweiten Zeile das Symbol für männlich und darunter das Symbol für weiblich. Die Vögel sind nach Häufigkeit ihres Vorkommens aufgelistet: Reiherente, Bergente, Pfeifente, Spatelente, Mittelsäger, Trauerente, Eisente, Stockente, Krickente, Schnatterente, Spießente, Kragenente, Ohrentaucher, Graugans. Ganz unten auf dem Blatt stehen einige Vogelarten, von denen es etwas weniger Exemplare gibt: Schnabelgans, Singschwan, Eistaucher, Gänsesäger, Uferschnepfe, Sterntaucher, Kolkrabe. Wir registrieren auch Steinschmätzer, Schneeammern, Wiesenpieper, Goldregenpfeifer und Regenbrachvögel, und alle Singvögel. Außerdem gibt es noch eine leere Zeile für Unvorhergesehenes und Seltenes. Alles wird registriert, selbst Hausenten, wenn nötig!

Der Ornithologe justiert das Stativ und baut das große Fernglas auf, sichtet dann eine ganze Weile das Gebiet, bevor er anfängt zu zählen. Die Schriftführerin setzt sich im Schneidersitz auf den Boden, nimmt das Klemmbrett mit dem darauf befestigten Vogelzählblatt und zückt den Bleistift. Jetzt heißt es, gut zuhören und korrekt notieren. Die Schriftführerin ist hochkonzentriert. Der Ornithologe beginnt mit der Zählung, und es klingt wie ein Mantra mit gebetsmühlenartigem Refrain: Spatelente Paar, Spatelente Männchen, Graugans, Trauerente Paar, fünf Graugänse, zwei Ohrentaucher, Reiherente vier Paare und zwei Männchen … und immer so weiter, eine halbe Stunde, eine Stunde oder sogar anderthalb! Nur die Enten werden bei der Zählung nach Geschlechtern einsortiert, sie sind nämlich die einzigen Vögel, bei denen das aufgrund ihres unterschiedlichen Gefieders möglich ist.

Bei den Enten kommt die Kombination aus einem Paar mit einem einzelnen Männchen sehr häufig vor. Ein Ehepaar mit Hausfreund. Aber vielleicht ist der Hausfreund gar kein so guter Freund, sondern ein unerwünschter Verehrer, stets bereit, den Platz des anderen Erpels einzunehmen, falls sich die Gelegenheit ergibt und das Weibchen sich umentscheidet. In Enten-

Reiherente

populationen ist es durchaus üblich, dass es wesentlich mehr Männchen als Weibchen gibt und die Weibchen es sich leisten können, wählerisch zu sein.

Der am weitesten verbreitete Vogel am Mývatn ist die Reiherente, und an diesem Morgen bildet die Vogelschar auf dem Grænavatn diesbezüglich keine Ausnahme. Aber der Ornithologe ist überrascht, dass diesmal mehr Pfeifenten da sind als sonst. Er bestimmt sogar eine zweigeschlechtige Pfeifente, die merkwürdig aussieht und agiert. Trotzdem wird sie selbstverständlich mitgezählt. Zu dieser Jahreszeit wird bei den Pfeifenten auch das Alter bestimmt. Dazu muss man sie im Flug sehen, denn nur an ihren ausgebreiteten Flügeln erkennt man, wie alt sie sind.

So vergeht der Morgen, die Zählung läuft weiter, der Ornithologe späht konzentriert durchs Fernglas und sucht die Wasseroberfläche ab, bestimmt Vögel und zählt kleine Punkte weit draußen auf dem See, die die Schriftführerin kaum erkennen kann. Wobei sie auch tunlichst nicht vom Blatt aufschauen und die Gedanken schweifen lassen sollte, weil sie stets bereit sein muss, mit dem Bleistift einen Strich an der richtigen Stelle zu machen. Dieser kalte schöne Morgen ist vielversprechend, ein ausgezeichneter Beginn der alljährlichen Vogelzählung.

Ohrentaucher

Auf dem Hügel Nónhóll

Am nächsten Tag kommt der Wind aus Osten, der Himmel ist bewölkt, und es weht eine frische Brise. Beim Hof Kálfaströnd gibt es große Hügel, die in den Mývatn hineinragen, da ist man gut vor dem Ostwind geschützt. Wir laufen über die Wiese auf sie zu und erklimmen den westlichsten Hügel, der Nónhóll heißt. Dort kann man gut sitzen, hoch oben und trotzdem geschützt, und die Vögel am Ufer und auf dem See beobachten.

Direkt unter uns in einer kleinen Bucht liegt ein Eistaucher wie ein Küstenwachschiff vor Anker. Er hält sich an derselben Stelle, so feindselig, dass heranschwimmende Entenpaare sofort kehrtmachen, wenn sie ihn bemerken. Auf der anderen Seite der Landspitze schlafen Trauerenten am Ufer. Sie sind ganz arglos und scheinen nichts von dem Eistaucher zu wissen. Das Paar kuschelt sich eng aneinander, er rabenschwarz, sie dunkelbraun mit hellen Wangen. Ganz in der Nähe hat ein weiterer tiefschwarzer Trauerentenerpel den Schnabel unter den Flügel gesteckt, vermutlich der klassische Hausfreund. Allzeit bereit wie ein Pfadfinder. Da kommt ein Mittelsägerpaar herbeigeschwommen, beide sind dynamisch gebaut und taff mit ihren wilden Haarschöpfen und ihren feuerroten Augen. Sie sehen aus wie ein Promi-Pärchen, als wären sie einem Comic entsprungen. Sie begeben sich ebenfalls auf den schwarzen Sandstrand, um ein Nickerchen zu machen. Vor den schläfrigen Mittelsägern und Trauerenten taucht plötzlich ein stinknormales Stockentenmännchen auf und gründelt im Wasser. Hier ist es ein seltener Anblick, aber für eine Reykjavíkerin, die damit aufgewachsen ist, im Frühling zum Stadtteich zu spazieren und die Enten zu füttern, völlig normal. Der schöne grüne Kopf des Erpels leuchtet in der Sonne, und in meiner Städterseele regt sich ein Hauch von Stolz. Ich habe einen prächtigen Repräsentanten, hier in diesem Entenparadies auf Erden.

Der Ornithologe entdeckt einen Ohrentaucher an einer ganz neuen Stelle – ein solcher Vogel wurde offenbar noch nie an genau diesem Ort gesichtet. Vielleicht ist es nicht verwunderlich, dass Ohrentaucher am Mývatn im Vormarsch sind, denn sie haben sich in den letzten Jahren stark vermehrt. Die Schwankungen in der Biosphäre sind unberechenbar.

Bergente Paar, Schnatterente Weibchen …

Diese Namen tauchen überraschend in der langen Aufzählung gängigerer Entenarten auf. Ich muss daran denken, die Bergente und die Schnatterente im Vogelbuch nachzuschlagen, wenn ich heute Abend nach Hause komme. Früher war die Bergente die am weitesten verbreitete Ente am Mývatn. Die älteren Leute aus der Gegend erinnern sich noch daran, doch um 1970 musste sie den ersten Platz an die Reiherente abgeben, und nun werden Bergenten immer seltener.

Wir verlassen den Nónhóll und gehen weiter zu einem hübschen Teich namens Ásbjarnartjörn auf dem Gelände von Kálfaströnd. Dort sehen wir eine Schellente, die am Mývatn eher selten ist. Auf den ersten Blick ähnelt sie der Spatelente, ist jedoch kleiner und weißer.

Bergenten

Vom Kap Þorlákshöfn sind die Inseln Mikley und Hrútey gut zu sehen. Wir sitzen hoch oben auf der Landspitze und haben einen wunderschönen Blick auf den See, die Inseln und die Berge. Der Wind hat sich etwas gelegt, und bevor die Zählung beginnt, präsentiert uns eine Küstenseeschwalbe als Bonus eine Flugshow. Sie ist im Jagdfieber. Wir beobachten, wie sie direkt unterhalb von uns einen kleinen Fisch und kurz darauf einen weiteren aus dem Wasser zieht. Sie ruft ihre Kameradinnen mit sanftem Zirpen oder Zwitschern, das ganz anders klingt als die schrillen Schreie, wenn sie in ihrem Brutgebiet unerwünschte Gäste vertreibt. Die Küstenseeschwalbe kann also auch gutmütig und hilfsbereit sein. Es ist ein Genuss, diesem Vogel bei seinen Kunststücken in der Luft zuzusehen, einem so geschmeidigen und geschickten Flieger. Sein zierlicher Körper scheint aus einem einzigen, exakt justierten Flugmuskel zu bestehen, als würde er sich in einem anderen Luftraum bewegen als andere Vögel dieser Welt.

Ein Kolkrabe fliegt mit etwas Schwerem im Schnabel vorbei, er muss all seine Kraft aufbringen, um sich mit der Last in der Luft zu halten. Durchs Fernglas sehen wir, dass es der Kaumagen eines Vogels ist, vielleicht hat der Rabe ihn von der Beute eines Falken aufgelesen. Falke, Merlin und Kolkrabe, das sind die Panzerknacker von Entenhausen am Mývatn. Nun sollten wir wohl das Teleskop aufstellen und mit der Zählung beginnen.

Pfeifente

Die Insel Geldingaey

Am dritten Tag zählen wir auf Geldingaey, einer grasbewachsenen flachen Lavainsel zwischen zwei Quellflüssen der Laxá, die im Mývatn entspringen: Miðkvísl und Syðstukvísl. Beim großen Mývatn-Ausbruch sammelte sich an der Stelle, wo sich heute Geldingaey befindet, flüssige Lava an und floss dann nach und nach von der verfestigten Oberfläche ab. Zurück blieben Lavahöcker, dazwischen Spalten, Vertiefungen und kleine Grotten, die der Landschaft etwas Märchenhaftes verleihen. Eine von vielen einstigen Routen über die Laxá führt über Geldingaey, und es gibt dort viele alte Reitwege und drei Furten mit beschreibenden Namen: Bautasteinsvað, Gedenksteinfurt, Sauðavað, Schaffurt und Súavað, Sauenfurt. Bei unserem Marsch über die Insel wundere ich mich über unsere poetische Sprache. Einzelne Wörter kommen einem, aus dem Zusammenhang gerissen, geradezu absurd vor. Doch tatsächlich, im Mittelalter gab es in dieser Gegend Schweine.

Marsch, marsch, vorwärts … Hier gibt es nicht viele Aussichtspunkte, aber wir wandern von Hügel zu Hügel und bleiben immer wieder stehen, um zu zählen und zu registrieren. Die Vögel, die es geschafft haben, einen Platz am Fluss zu ergattern, sind gut gestellt. Nirgendwo in Island, vielleicht nirgendwo auf der ganzen Welt gibt es ein größeres Angebot an Kriebelmückenlarven. Bei den Kaffeefelsen, die sich jenseits des Miðkvísl befinden und dem Namen nach zu urteilen ein alter Rastplatz sind, beobachten wir lange das Treiben einiger Spatelentenpaare. Dies ist einer der besten Nahrungsplätze des Flusses, und man kann deutlich sehen, dass sich hier die schönsten und bestgenährten Vögel aufhalten. Dabei herrschen große Spannungen zwischen den Tieren, denn die Reviere sind klein und dicht besiedelt und haben viele Grenzen, die es zu verteidigen gilt. Da sind Wachsamkeit und Konfliktbereitschaft gefragt, um seinen Platz zu behaupten. Zudem gibt es noch Kragenenten und Ohrentaucher, die von den Spatelentenmännchen verjagt werden müssen. Ich nehme mir vor, die Stelle später im Sommer noch einmal zu besuchen, wenn die Küken geschlüpft sind, um zu sehen, wie sich das Leben in diesem Villenviertel der Vögel gestaltet.

Südliche Brise, keineswegs sanft

Die folgenden Tage meinen es gut mit uns Vogelzählern, ruhige, sonnige Frühlingstage und kaum Wolken am Himmel, nicht zu kalt und nicht zu windig. Wir können Ytri-Flói, die nördliche Bucht des Sees, und das Ufer zwischen Vogur und Reykjahlíð abschließen. Alles läuft normal, doch ein paar ungewöhnliche Vögel sind hinzugekommen: Löffelente, Kanadapfeifente und Steinwälzer.

Dann kommt Südwind auf, so stark, dass wir die Vogelzählung einstellen müssen. Bei diesem Sturm kann man nicht zählen, das Wasser wird aufgepeitscht, und die Vögel suchen Schutz und ziehen sich zurück.

Tagelang fegt der Südwind durch den Bezirk, tost verbissen und heftig, Tag und Nacht. Im Hochland zwischen Bláfjall und Sellandafjall wirbelt der Wind dunkle Sandwolken auf und treibt sie vor sich her, der Himmel ist dunstig verhangen. Der See wird grünbraun und trübe, die Wellen klatschen weiß schäumend ans Ufer. Die Vögel kauern betrübt am Strand oder treiben auf den Wellen, nur vereinzelte Draufgänger, Abenteuerlustige spielen im Wind, trainieren ihre Flugkünste und nutzen die unsichtbare Kraft, die der Himmel ihnen derzeit zur Genüge bietet. Das sind zum Beispiel Bekassinen und Küstenseeschwalben. Andere warten einfach ab. Warten auf bessere Zeiten. Genau wie die Menschen. Die sind müde und genervt, haben Kopf- und Gliederschmerzen, spüren den Sandsturm an trockenen Augen und belegten Zähnen. Niemand kriegt etwas geschafft. Es pfeift und knarzt in Dachgiebeln und Fensterrahmen, die Geräusche zehren an den Nerven. Es ist wie in dem Roman *Hundert Jahre Einsamkeit* von Gabriel García Márquez – bläst dort nicht wochenlang der Wind, bis alle seltsam und unleidlich werden? Oder war das Regen?

An diesen stürmischen Tagen verlassen wir die Gegend, fliehen aus den höheren Regionen und fahren hinunter in die Täler. Erst ins Svarfaðardalur und dann ins Laxárdalur, die Wiege des Flusses Laxá, der im Mývatn entspringt. Der Wind braust zwar durchs ganze Land, aber in den Tälern ist man geschützter als im Hochland. Die Vogelzählung im Svarfaðardalur wird größtenteils durchs Autofenster von der Straße aus erledigt. Mit dem Teleskop kann man den Fluss und das Tal gut überblicken. Die Berge, die das Tal einrahmen, sind mächtig und majestätisch, und der Talgrund ist angenehm breit und grün.

Am nächsten Tag fahren wir durchs Laxárdalur. Es ist einzigartig, anders als alle Täler, die ich kenne, schmal, der Talschluss bedeckt mit bröckeliger Lava, und der klare blaue Fluss schlängelt sich mit starker Strömung hindurch. Hier kann man gut erkennen, welch gewaltige Lavamassen bei der Eruption flossen, die den Mývatn und seine Umgebung erschuf. An vielen Stellen sieht man, wie sich die Lava einen Weg gebahnt und an den schmalsten Stellen des Tals aufgetürmt hat. Die Laxá ist wohl der einzige Fluss in Island, der durch eine Lavarinne zum Meer fließt. Der Fluss ist wasserreich und mächtig, er transportiert eine große Wassermenge aus dem Mývatn, der sich innerhalb nur eines Monats neu füllt. Hier kommen dieselben Vogelarten vor wie am See, vorherrschend sind jedoch Spatelente und Kragenente.

Kunstvoll aufgetürmte Steinmauern säumen über weite Strecken das Flussufer. Es sind Relikte blühender Bauernhöfe, die hier in früheren Zeiten standen. Wir setzen uns auf einen hohen Felsen vis-à-vis dem Hof Auðnir, um die Vögel auf dem Fluss zu zählen. Am gegenüberliegenden Ufer hockt eine Gruppe Küstenseeschwalben im Gras und erholt sich vom stürmischen Wind.

In Auðnir wuchs Ende des 19. Jahrhunderts Unnur Benediktsdóttir auf, die Schriftstellerin, die sich den Künstlernamen Hulda zulegte. Ich habe ihre Autobiografie gelesen, und dort auf dem Felsen fällt mir eine Geschichte ein. Hulda schrieb über einen Sterntaucher, der abends auf dem Weg vom Másvatn zum Kringluvatn vorbeigeflogen kam. Er flog fröhlich durch die helle Sommernacht, stets zur selben Zeit, in dieselbe Richtung. Faszinierend, etwas über die Reise eines Vogels im 19. Jahrhundert zu erfahren … was mögen die Vögel den Leuten im Tal für gute Gesellschaft geleistet haben, als es noch kein Fernsehen oder Internet gab …

Die Stimme des Ornithologen lässt mich aus meinen Überlegungen hochschrecken, und ich notiere auf dem Zettel ein paar Kragenenten und ein Spatelentenpaar.

Als die Zählung beendet ist, nehme ich das Fernglas, um mir die Vögel auf dem Fluss genauer anzuschauen. Es macht Spaß, die Spatelentenpaare zu beobachten. Sie sind so vornehm und elegant. Wären es Paare bei einem mondänen Fest, wären die Damen schlicht, aber geschmackvoll gekleidet und ihre Gatten schicke Dandys.

Feld-Fransenenzian

Endlich kommt der Sommer

Der Sommer kommt, fast ohne Vorankündigung. Die Temperaturen steigen schlagartig und liegen weit über dem Durchschnitt für diese Jahreszeit. Der See beruhigt sich und wird glatt und sanftblau. Die Vögel nehmen ihre vorherigen Gewohnheiten wieder auf, kehren zurück zu den Gebieten, die sie in Besitz genommen haben, und verfolgen ihre frühjährlichen Pflichten.

Die Checkliste verändert sich: Sonnenhut, Sonnencreme, Sonnenbrille, leichte langärmelige Kleidung, Wasserflasche. Von der Liste verschwinden Mütze, Fingerhandschuhe, wollene Unterhose, Fleecepulli und Daunenjacke … Aber die wichtigsten Utensilien bleiben natürlich gleich: Teleskop, Fernglas, Bleistift mit Radiergummi und Vogelzähllisten.

Jeden Tag strahlt die Sonne vom wolkenlosen Himmel. In Island ist es ungewöhnlich, so viele Tage am Stück gutes Wetter zu haben, besonders im Frühsommer. Es ist Ende Mai, Anfang Juni. Die Mücken sind noch kaum erwacht, eine Zuckmücke taucht vielleicht schon einmal auf, aber keine einzige Kriebelmücke ist zu sehen, und nichts trübt die reizvolle Stimmung am See. Diese Tage sind wie geschaffen dafür, das Boot zu Wasser zu lassen, auf den See hinauszufahren und die Vögel auf den Inseln zu zählen. Im Mývatn gibt es zwischen vierzig und fünfzig Inseln und Holme. Viele Inseln bestehen aus einem oder zwei Pseudokratern und ragen wie kleine, grasbewachsene Vulkanberge aus dem Wasser.

Solche Sommertage am See sind so bezaubernd, dass einen in dieser ungetrübten Schönheit der Verdacht beschleichen könnte, man wäre ein Engel. Die Sonne scheint. Weiße Quellwölkchen gleiten über den Himmel und spiegeln sich im Wasser. Die Landschaft ist spektakulär und allumfassend, scheint ewig und unendlich zu sein. Als würde man durchs Himmelreich schweben. Oder durchs Universum. Die Inseln sind kleine Welten für sich. Sie haben ihre eigene Geschichte und waren im Lauf der Jahrhunderte auf vielfältige Weise mit dem Lebenskampf und der Kultur der Menschen am Mývatn verbunden. Selbstverständlich gibt es auf den Inseln Entenbrutgebiete, und früher mähten die Bauern darauf Gras. Heutzutage werden sie als Weideflächen für Schafe und Ziegen genutzt.

Die Insel Mikley

Das Boot gleitet vorwärts, angetrieben von den Pferdestärken des Außenbordmotors, und bildet schäumendes Kielwasser, das sich nach rechts und links ausbreitet und die Vögel verscheucht. Eine gute Gelegenheit, die vorüberziehende Landschaft zu betrachten und die Gedanken schweifen zu lassen. Nun liegt Mikley hinter uns, die auffälligste und größte der Inseln. Sie ist Schauplatz der Geschichte einer Heldin aus früheren Zeiten, einer Frau, die man Þórunn die Reiche von Skútustaðir nannte. Sie lebte in der zweiten Hälfte des 17. Jahrhunderts und soll mit ihren Knechten nach Mikley geflohen und so der Pest entkommen sein, die zur damaligen Zeit wütete. Allerdings existieren solche Legenden über Þórunn noch an anderen Orten in Island, aus unterschiedlichen Zeiten, was die Glaubwürdigkeit dieser Geschichte vom Mývatn schmälert. Auf Mikley gibt es tatsächlich Hinweise auf menschliche Spuren und Ruinen, die Þórunns Ruinen genannt werden, auch wenn niemand mit Gewissheit sagen kann, ob sich der Name auf Þórunn die Reiche oder auf eine ganze andere Þórunn bezieht.

Mikley ist auch deshalb bemerkenswert, weil dort im März 1858 der hiesige Leseverein gegründet wurde. Es klingt kurios, einen Leseverein, also eine Art Bücherei der damaligen Zeit, mitten im Winter draußen auf einer Insel zu gründen. Aber wir haben das Glück, dass eine kurze Beschreibung von diesem Tag existiert, eine kleine, mit Worten gemalte Momentaufnahme, eine schöne Naturstimmung und ein Gesellschaftsbild:

Dienstag, der 23. März (1858) brach an, hell und schön. Der gesamte Mývatn war mit Spiegeleis bedeckt. Vielstimmiger Gesang ertönte von den Schwanengruppen, die sich auf offenen Buchten und Eislöchern am Ostufer des Sees und auf der Laxá aufhielten.
Als es auf Mittag zuging, begaben sich viele Menschen auf den zugefrorenen See. Jung und Alt, kleine und größere Gruppen, die meisten auf Schlittschuhen, und es ging flott voran. Alle steuerten auf Mikley zu, die größte Insel im See.
Dorthin war zu einem geselligen Beisammensein geladen worden, obschon es kein Versammlungshaus gab und noch Frost und Winter herrschten. Alle vertrauten darauf, dass das gute Wetter den ganzen Tag anhalten würde, und die Kleidung der Leute war warm und winddicht. Trotz der für eine Versammlung recht primitiven Verhältnisse auf der Insel, war diese Zusammenkunft eine der wichtigsten, die je am Mývatn abgehalten wurde.

Diese Worte schrieb Jóhannes Sigfinnsson von Grímsstaðir in einem Artikel, der am 23. März 1958 im *Morgunblaðið* erschien und *Hunderjähriges Jubiläum des Lesevereins am Mývatn* heißt. Es ist nicht ganz klar, woher er diese Schilderung hat, aber da ist sie, sehr anschaulich. Man hat den winterlichen Schwanengesang im Ohr und freut sich, dass die Leute warme und winddichte Kleidung trugen. Wobei wir das heutzutage wohl nicht so empfänden, heute wären wir bestimmt anders angezogen, trügen moderne Outdoorbekleidung und würden in dieser Jahreszeit eher mit lauten, umweltverschmutzenden Motorschlitten durch die Gegend rasen.

An diesem Tag wurde also der Leseverein gegründet, viele traten ihm bei, und einige einflussreiche Anwohner spendeten Bücher. Später wurde in Skútustaðir ein kleines, burgenartiges Haus gebaut, das die Bücherei beherbergte. Die Sammlung wuchs nach und nach beträchtlich an, und man kaufte sorgfältig ausgewählte Bücher hinzu. Die Bücherei bestand aus hochwertiger Literatur, Reisebüchern berühmter Entdecker und einer vielfältigen Auswahl an Fachbüchern, vor allem über Naturkunde. Man war bemüht, nur gute Bücher für die Sammlung zu kaufen und vermied gezielt Groschenromane und Derartiges, schreibt Jóhannes in seinem Artikel.

Auf der Insel Sviðinsey

Nachdem wir Mikley hinter uns gelassen haben, nehmen wir Kurs auf Sviðinsey, eine kleine, steile Insel mit etwas Flachland im Norden. Von dort sollen große Vogelgruppen auf weiter, offener Fläche gezählt werden. Wir bekommen überraschend Hilfe, Yann wird mit seinem Teleskop auf den Vindbelgjarfjall steigen und auf einem festgelegten Gebiet uns gegenüber zählen. Yann Kolbeinsson ist ein fleißiger Vogelbeobachter und ein sehr geübter Zähler. Er hat keinen Schriftführer dabei, sondern diktiert die Zahlen in ein Aufnahmegerät und überträgt sie später auf das Zählblatt.

Als wir uns Sviðinsey nähern, verlangsamen wir die Fahrt,

klappen den Außenbordmotor hoch und lassen das Boot in eine kleine Bucht am südlichen Ende der Insel gleiten. Ein langbeiniges Schaf nimmt uns neugierig in Empfang. Es ist rotbraun mit Blesse und beobachtet uns argwöhnisch aus einigem Abstand, wirkt dabei aufmerksamer als andere Schafe, oder fühlt es sich nur einsam hier auf dieser kleinen Insel? Das Schaf merkt schnell, dass wir ihm nichts tun wollen, und widmet sich weiter dem Grasen. Wir erklimmen den steilen Pseudokrater, und ich spähe hinein. Heute Morgen habe ich einen Krater voller Uferschnepfen und Regenbrachvögel gesehen, aber dieser hier ist gähnend leer und mit Gras bewachsen. Wir nehmen eine bequeme Zählposition ein, denn hier zählen wir auf dem offenen Wasser mit Hunderten von Vögeln in großen Gruppen. Die Zählperioden dauern an dieser Stelle meistens lange, eine halbe bis dreiviertel Stunde für jedes Gebiet. Handy ausschalten, Wasserflasche griffbereit, Mückennetz über den Kopf stülpen, Klemmbrett herausholen, Bleistift zücken …

Als Erstes verschaffen wir uns einen Überblick über die Szenerie, spähen durchs Teleskop und blicken über die Weite des Sees und die verstreuten Vogelgruppen. Und siehe da! Der Ornithologe entdeckt einen Zwergsäger, eine sehr seltene Ente, vollkommen weiß mit schwarzem Schnabel und einer Federhaube mit schwarzem Streifen. Ich kann ihn durchs Fernglas nicht finden und schaue mir stattdessen eine Spießente an; sie hat einen langen Hals und etwas Ballerinahaftes – das Weib-

Spießente

Gänsesäger

chen elegant und vornehm. Da ist auch eine Schnatterente, eine typische Ente für den offenen See, die sich nie in Sumpfgebieten herumtreibt. Die Leute am Mývatn nennen sie Kleine Grauente. Doch nun beginnt die Zählung, gleich einer Meditation der Achtsamkeit.

Mitten in der Zählung vibriert mein Handy. Es benimmt sich, als wäre es sehr dringend, rüttelt und hüpft in dem von der Sonne getrockneten Gänsekot neben mir auf dem Boden. Es ist Yann, der mitten am Hang des Belgjarfjall steht und schon weit gekommen ist mit der Zählung auf dem Sandvatn und den umliegenden Gebieten. Er erzählt uns, soeben sei der König der isländischen Vogelwelt höchstpersönlich mit seinen zwei Metern Flügelspannweite auf ihn zugeschwebt und an ihm vorbeigeglitten, als hätte er ihn genau mustern wollen. Jetzt befinde er sich auf dem Weg über den Berg. Wenn wir unsere Ferngläser auf den Belgjarfjall richten würden, könnten wir den Adler sehr bald über dem Gipfel auftauchen sehen. Und so ist es. Nachdem der Seeadler Yann in Augenschein genommen hat, steigt er mit ein paar Flügelschlägen auf und nimmt Kurs auf den Eyjafjörður, wo er mit seinen mächtigen Schwingen bestimmt in zehn Minuten ankommen wird. In der Zeile, die dem Unerwarteten und Seltenen vorbehalten ist, wird ein Seeadler registriert.

Wahrscheinlich war es ein Jungvogel, der zum Spaß das Land besichtigt und womöglich über neue, geeignete Nistorte nachgedacht hat. Der Seeadler hat seit der Jahrhundertwende 1900 nicht mehr am Mývatn gebrütet, aber Ortsnamen erinnern an seine Anwesenheit, wie zum Beispiel Arnarbæli, Adlerhorst, ein hoher Pseudokrater zwischen Skútustaðir und Garður, und der See Arnarvatn, Adlersee, nach dem auch der gleichnamige Hof benannt ist. Auf Geldingaey gibt es noch die Hügel Arnarhólar.

Wenn die Vögel sterben

Auf dem Heimweg denke ich mit leichter Wehmut daran, dass die Vogelzählung nun bald beendet sein wird. Nur ein paar verstreute Flächen sind noch übrig, kleine Teiche und Tümpel entlang der Straße und auf der Hochheide. Bald wird man das Endergebnis sehen und auf dem hundertjährigen Überblick ein Kreuzchen hinzufügen können.

Wir tuckern an der Landspitze Höfði vorbei, der einzigen Stelle am See, die aufgeforstet wurde. Durch den Wald führen Uferpfade, was Höfði zum perfekten Standort für die Beobachtung von kleinen Buchten, Pflanzen und Vögeln macht.

Wohin gehen die Vögel zum Sterben? In *Die lichte Maid* schreibt Halldór Laxness über einen Mann, der sich wie ein Vogel davonstahl, um zu sterben. Es war Magnús von Bræðratunga, der mit einer Schreinerarbeit begonnen hatte und seine Magd losschickte, um Molke zu holen. Dann verschwand er:

> *Er verschwand, wie die Vögel sterben, so daß niemand wußte, was aus ihm geworden war, er ritt nicht den gewöhnlichen Weg vom Hof zur Straße hinunter, sondern stahl sich auf Umwegen davon, während die Leute ihren Mittagsschlaf hielten, keiner sah genau, wie er sich aufmachte; aber er war verschwunden. Die Axt und der Hammer lagen neben einem Fenster, in das er eine Tierhaut hatte einsetzen wollen; er hatte angefangen, den Rahmen auszubessern. Die Holzspäne lagen im Gras.*

Während die Landschaft auf der Heimfahrt an mir vorbeigleitet, kann ich mich nicht entsinnen, jemals Vögel eines natürlichen Todes sterben sehen zu haben, nur durch Unfälle; Netze, Stromleitungen, Aufprallen gegen Autos oder Fensterscheiben. Natürlich sind die Kolkraben schnell zur Stelle und beseitigen solche unverhofften Leckerbissen, machen sich vielleicht auch über an Alter gestorbene Vögel her, obwohl wir immer meinen, es müsse etwas Brutales stattgefunden haben, wenn wir auf einen Feder- und Knochenhaufen stoßen.

In der Karibik segelte ich einmal an einer Felseninsel namens Pelikan-Schäre vorbei. Sie war weiß von Vogelexkrementen, und später wurde mir erzählt, dass Pelikane, die zu alt zum Jagen sind, sich hoch aus der Luft auf diese Insel fallen ließen. Die Schäre sei eine Art Stammesfelsen der Pelikane. Vielleicht ist das ein Volksmärchen in dieser Gegend, aber ich glaube es gern. Es erinnert an Erzählungen von Eskimos, die hinaus aufs Eis gehen, wenn sie meinen, sie seien zu alt und für andere eine Last. Oder bevor sie zu alt werden ...

Eine Eisente fliegt über uns hinweg und singt ihr unverwechselbares Lied. Was bedeutet dieser kurze Ton am Ende ihres Gesangs? Er klingt ein bisschen wie ein Fragezeichen. Eine Schande, dass die Menschen schon so lange auf der Erde sind, schon zum Mond und wer weiß wohin geflogen sind und immer noch nicht die Vogelsprache verstehen! Was sagt die Eisente? Die Melodie, die sie singt, besteht meist aus fünf Tönen in F-Dur, wobei sie auch falsch singen kann, wenn sie etwas auf dem Herzen hat, wenn zum Beispiel Gefahr droht. Es soll Leute geben, die im Frühling eine Nacht am Mývatn verbringen, nur um die Eisente singen zu hören.

Eisente

Der Lebenslauf der Spatelente

Wenn es einen charakteristischen Vogel für den Mývatn und die Laxá gibt, dann ist es zweifellos die Spatelente. In Island ist diese Gegend ihr wichtigstes Habitat, hier hält sie sich das ganze Jahr über auf. Die Spatelente ist eng mit dem Mývatn verbunden, brütet auf den Lavafeldern, nutzt aber auch menschliche Behausungen und speziell angefertigte Brutkästen. Sie ist farbenfroh und legt ein interessantes Verhalten an den Tag. Am Mývatn besteht seit Langem eine besondere Verbindung zwischen den Anwohnern und der Spatelente.

Spatelenten sind ein wunderschöner Anblick. Beim Männchen zieht sich kunstvoll ein schwarz-weißes Muster über den Körper, als hätte ein japanischer Künstler seinen Pinsel nach der Zen-Ästhetik geführt. Es hat eine schwarze Grundfarbe mit weißem Hals, Brust und Flanken. Auf dem schwarzen Kopf prangt zwischen Schnabel und Auge ein tropfenförmiger Pinselstrich, auf jeder Seite einer, und sechs kleinere Tupfen liegen bogenförmig auf den schwarzen Schulterfedern. Das Männchen hat gelbe Augen und einen eindringlichen Blick. Vermutlich soll er anderen signalisieren, dass sie sich lieber vor ihm hüten sollen. Außer seine einzig wahre Liebe natürlich, das unscheinbare Weibchen, das dem Charme seines prachtvollen Äußeren erliegt.

Tatsächlich ist der auffällige Kopf in Übergröße ein Markenzeichen der männlichen Spatelente – die Stirn ist hoch und steil, weil der Schädel von Hohlräumen aufgewölbt ist, und deshalb wirkt der Vogel groß und bedrohlich. Der buschige Federschopf am Hinterkopf verstärkt diese optische Täuschung. Der lateinische Name der Spatelente, *Bucephala islandica*, bedeutet in der Tat »Büffelkopf« oder vielmehr »isländischer Büffelkopf«!

Im Vergleich zum Männchen ist das Weibchen sehr unauffällig mit seinem grauen Körper, der immerhin mit einem weißen Halsring geschmückt ist. Es hat einen kakaobraunen Kopf, weiße Flügelspiegel und gelbe Augen mit einem Stich ins Grüne. Das Weibchen ist viel kleiner als das Männchen, wobei es zweifellos von Vorteil ist, zierlich zu sein, wenn der bevorzugte Nistplatz sich, wie bei den Spatelenten, in einer tiefen Höhle befindet.

Das tägliche Leben der Enten spielt sich in etwa so ab, dass ein Drittel der Zeit für Nahrungsbeschaffung, ein Drittel fürs Ausruhen und ein Drittel fürs Putzen verwendet wird, denn es ist viel Arbeit, alle Federn und das gesamte Gefieder sauber, wasserabweisend und hübsch zu halten. Das Federkleid ist sehr wichtig, und unter den Deckfedern liegen Daunen, die Wärmeisolation des Vogels. Das muss alles gelüftet werden, gepflegt und ordentlich sein. Das Gefieder ist stromlinienförmig und die Grundlage der Flugfähigkeit. Der Flügel funktioniert wegen der Form seiner Federn wie die Tragfläche eines Flugzeugs. Zudem muss das Gefieder wasserdicht sein; weil es den Vogel warm halten muss, darf es nicht nass werden, schließlich handelt es sich um Wasservögel. Doch das Federkleid ist empfindlich, es nutzt sich schnell ab und hält nicht ewig. Es muss ständig angepasst, gepflegt und erneuert werden.

Liebesleben

Im Winter sieht man Spatelenten oft in einer langen Reihe am Rand der Eisfläche kauern und hat den Eindruck, als würden sie die kalte Jahreszeit gelangweilt über sich ergehen lassen. Wenn man sie beobachtet, stellt sich jedoch heraus, dass in diesem Winterreich eine hollywoodreife Romantik herrscht. Im Herbst suchen sich die Weibchen einen Partner, und dann ist Eleganz gefragt, denn die Weibchen erwählen die Männchen, wenn diese ihr Prachtkleid angelegt haben, um ihnen schöne Augen zu machen.

Nachdem die Enten sich im Herbst zusammengetan haben, sind die Paare den ganzen Winter über romantisch gestimmt. Um es offen auszusprechen: Sie begatten sich andauernd. Ich habe einmal gehört, neben dem Menschen seien Delfine die einzigen Lebewesen, die nur zum Spaß Sex hätten – nun gesellt sich also auch noch die Spatelente dazu.

Wenn es in den letzten Wintermonaten, im März und April, wieder heller wird, beginnen die Paare allmählich, sich eine Wasserparzelle anzueignen. Dies geschieht zunächst am Kálfaströnd am östlichen Mývatn und am Abfluss der Laxá in der Nähe des westlichen See-Endes. Dort liegen die besten Gebiete, mit ausreichend Nahrung und Lavahöhlen an jeder Ecke, in denen man sich behaglich einrichten kann. Die weniger

Spatelente

guten Stellen werden später bezogen, wenn es aufs Frühjahr zugeht. Die Revierverteilung erreicht Mitte Mai ihren Höhepunkt, dann haben die meisten Vögel eine Parzelle in Besitz genommen, an der der Seegrund dicht mit köstlichen Mückenlarven bedeckt ist. Es ist offensichtlich, dass die Reviere qualitativ unterschiedlich sind, und einige liegen eher ungünstig, weit vom Ufer oder dem Abfluss der Laxá entfernt. Von den Vögeln, die sich damit begnügen müssen, geben die meisten auf und legen keine Eier. Gerade mal dreißig bis vierzig Prozent der Population brüten jedes Jahr. Die anderen sechzig bis siebzig Prozent sind nicht geschlechtsreife Jungtiere und erwachsene Vögel, die wegen der Aggressivität der anderen keine geeigneten Reviere abbekommen.

Für einen Genderforscher wäre es ein lohnendes Forschungsprojekt, das Verhältnis der Geschlechter in Entenhausen am Mývatn genauer unter die Lupe zu nehmen. Warum gibt es viel mehr Männchen als Weibchen? Und dann die Arbeitsteilung! Manchmal kommen in dieser Gegend etwa 1200 Spatelentenmännchen auf 800 Weibchen, was jedoch von Zeit zu Zeit schwankt. Mit schwierigen Jahren scheinen die Männchen zwar schlechter zurechtzukommen als die Weibchen, aber die Weibchen leben in der Regel trotzdem kürzer, weil ihr Leben härter und das Brüten körperlich belastend ist. Weibchen legen Jahr für Jahr neun Eier, die fast so schwer sind wie sie selbst. Anschließend müssen sie die Nachkommen umhegen, während die Männchen auf Vergnügungstour gehen und nicht an der Erziehung der Jungen teilnehmen.

Wie schon gesagt, suchen sich die Weibchen einen Partner, ein fast allgemeingültiges Gesetz in der Natur – die weiblichen Tiere wählen den Partner aus, die männlichen Tiere wetteifern um ihre Gunst. Vogelmännchen müssen schön und stark sein und gesund aussehen. Dies stellen sie oft durch gewisse Luxusattribute zur Schau, etwas Elegantes und Prachtvolles wie eine grelle Farbe oder lange Schmuckfedern. Bei den Spatelenten beruht die Anziehungskraft auf dem metallisch-violett glänzenden Kopfgefieder des Männchens. Ein besonders intensiver Glanz könnte womöglich darauf hindeuten, dass dieser Erpel den anderen etwas voraus hat. Jedenfalls scheint der violette Glanz ihn in den Augen des Weibchens unwiderstehlich zu machen, vielleicht ähnlich wie bei uns Menschen weiße Zähne und glänzende Haare oder ein stahlglänzender Porsche 911.

Das Balzverhalten floriert in der Winterzeit, das Liebespaar kuschelt sich auf dem Rand der Eisfläche aneinander, und das Männchen bewacht sein Weibchen. Manchmal schwimmen die Paare grüppchenweise auf dem Wasser, und es herrscht ein reges Sozialleben. Auch wenn die Männchen noch keine Reviere bezogen haben, müssen sie sich die Gunst der Weibchen bewahren und einzelne Verehrer in gebührendem Abstand halten. Um dem weiblichen Vogel zu imponieren, scheint es angebracht, sich mit weit geöffnetem Schnabel vorzubeugen, sich im Wasser hin und her zu wiegen, dann mit dem Kopf zu schlagen und mit den Füßen Wasser in die Luft zu spritzen.

Die Spatelente ist entschlossener als andere Entenarten, wenn es darum geht, sich im Frühling ein Revier zuzulegen. Die Männchen verteidigen ihr Gebiet hartnäckig und lassen niemanden in die Nähe, weder Spatelenten noch andere Vögel. Das Hoheitsgebiet ist klar abgegrenzt, als würde eine unsichtbare Linie auf dem Wasser liegen, die nicht übertreten werden darf. Das Revier wird nur auf dem Wasser verteidigt, nicht an Land und um das Nest herum. Möglicherweise verschieben sich die Grenzen von Tag zu Tag ein wenig, je nachdem, wie groß die Anzahl der Vögel und wie groß der Stress ist. Wenn sich viele Nachbarn ansiedeln, werden die Grenzen vehement verteidigt, bis sich die Zahl der Enten wieder verringert und ein Gleichgewicht entsteht. Wenn ein fremder Vogel in das Revier eindringt, reagiert der Besitzer meist sehr heftig und attackiert den Eindringling ohne Vorwarnung. Handelt es sich hingegen um einen altbekannten Nachbarn, kommt es zu einem bizarren, bedrohlichen Verhalten: keine direkten Angriffe, sondern die Männchen liegen flach im Wasser und drohen einander. Oft endet es damit, dass ein Männchen tief unter das andere taucht, und das sucht dann lieber das Weite, bevor es rabiat in die Beine gebissen wird. Manchmal schummelt der Revierbesitzer auch, liegt mit drohenden Gesten auf der Wasseroberfläche und taucht dann plötzlich ab, als wollte er einen Unterwasserangriff starten, schwimmt aber nur auf den Grund, um zu fressen! Die Weibchen nehmen keinen direkten Anteil, beobachten ihre Partner nur und loben sie mit einem verführerischen Kopfneigen, wenn sie erfolgreich waren.

Spatelente

Vorsorge und Wohnungssuche

Im April beginnen die Weibchen, potenzielle Nistplätze zu besichtigen. Am besten gefallen ihnen Aushöhlungen in der Lava, meist weiter oben an Felsen und Lavasäulen, trockene Orte, wo nicht bis in den Frühling hinein Schnee liegt und es nach Regen schnell trocknet. Solche Stellen können ziemlich weit vom See entfernt liegen, die begehrtesten sind jedoch in unmittelbarer Nähe. Die Suche nach einer guten Höhle verläuft bei den Stapelentenweibchen nach einem bestimmten Ritual in den frühen Morgenstunden.

Einmal war ich früh morgens bei den Buchten von Kálfaströnd. Der Boden war taunass, und über dem See lag ein sanfter Nebelschleier. Es war kurz nach Ostern, und ich hielt Ausschau nach einem schwarzen Schwan, der dort am Tag zuvor auf dem Wasser geschwommen war, ein exotischer Gast unter den heimischen weißen Schwänen. Da kamen ein paar Spatelentenweibchen herbeigeflogen, und die Männchen folgten ihnen in gehörigem Abstand wie diskrete Leibwächter. Die Weibchen bogen zu den Klippen ab und landeten dort, während die Männchen sich auf dem darunterliegenden See niederließen. Dann begann eine komplizierte Zeremonie. Die Weibchen verbeugten sich in schneller Abfolge voreinander, und zwischendurch machte sich eines auf und flog laut quakend einmal um den Felsen herum. Die Gruppe war angespannt. Es herrschte eine aufgeregte Atmosphäre, wie wenn ein paar Mädels bei einer Party zusammen aufs Klo gehen, um die Lage zu besprechen. Es gab keine sichtbaren Aggressionen zwischen den Weibchen, keine pickte nach der anderen, und alles verlief friedlich. Dann verschwand eine nach der anderen in einer Höhle in dem Lavafelsen, blieb eine Weile drin, kam dann wieder heraus, und die nächste watschelte hinein, nachdem sie sich höflich verbeugt hatte. Anschließend setzten sich ein paar Entenweibchen nebeneinander auf einen Felsvorsprung, während die anderen im Kreis über die Gruppe flogen, alle laut quakend.

Die Leute am Mývatn behaupten, die Spatelenten würden Regen vorhersagen, wenn sie sich so verhalten. Tatsächlich wird dieses Spiel der Spatelenten hitziger, sobald es nass oder ein Regenschauer im Anmarsch ist. Sie überprüfen zweifelsohne, ob die Höhlen dicht und trocken genug sind für Eier und Daunen. Sie lernen voneinander, informieren sich, wo die Höhlen liegen, denn einige haben bereits viel Erfahrung mit Bruthöhlen, was für die anderen sehr hilfreich ist. Langlebige Weibchen machen sechs bis sieben Brutzeiten im Leben mit und neigen dazu, immer an derselben Stelle zu nisten. Wenn es gut läuft, behalten sie die Höhle, wenn es schlecht läuft, ziehen sie um in die nächste oder übernächste.

Dieses Spiel wiederholen die Weibchen am Ende der Brutzeit im Juli, wenn die Küken geschlüpft sind. Dann gehen die Höhlenbesichtigungen in die zweite Runde. Wahrscheinlich überprüfen sie, welche Höhlen benutzt wurden und welche Gelege erfolgreich waren. Dies tun sowohl junge, unerfahrene Weibchen als auch ältere, die im Frühjahr Eier gelegt haben. An solchen Tagen kann es vorkommen, dass eine Spatelente durch ein geöffnetes Fenster ins Haus fliegt. Die Tiere kommen gern zu den Bauernhöfen, fliegen um sie herum, setzen sich auf den Dachfirst und den Schornstein und schlüpfen in alle Öffnungen, die sie entdecken können. Manchmal stürzen sie sich in heller Aufregung in einen offenen Schornstein und finden womöglich nicht mehr heraus.

Diese Neugier der Enten haben die Leute am Mývatn sich zunutze gemacht. Früher, als die Häuser noch aus Steinen und Torf waren, fanden die Enten häufig Schlupflöcher, in denen sie nisten konnten. Mit dem Beginn des Betonzeitalters suchten sie sich Wege durch Belüftungslöcher in Scheunen und Ställen. Erfinderische Bauern hängten vor solche Löcher innen an die Hauswand Kästen mit Torfstücken als Unterlage, und siehe da, die Enten legten ihre Eier hinein. Heute gibt es auf den Höfen am Mývatn jede Menge Spatelentenkästen, und Forschungen zeigen, dass eine von zehn Spatelenten darin brütet.

Nun neigt sich der Mai dem Ende entgegen. Die Entenpaare sind durch ihre Reviere gepaddelt, haben Höhlen besichtigt, sich einen Überblick über potenzielle Nistplätze verschafft und sich viele Male gepaart. Im Körper des Weibchens befinden sich zahlreiche Dotterkugeln, die befruchtet werden und sich nacheinander aus dem Eierstock lösen. Jeden Tag löst sich ein Dotter, wird durch den Eileiter befördert, wo sich Eiweiß, Eihäute und schließlich die Schale anlagern – und dann wird das Ei gelegt. Das Weibchen legt etwa neun Tage lang täglich ein blaugrünes Ei und setzt sich anschließend auf die Eier, die erst dann zu reifen beginnen, alle gleichzeitig. Die Küken schlüpfen einen Monat später, ebenfalls gleichzeitig. Das Weibchen ist während dieses Monats nicht ununterbrochen an das Gelege gefesselt, sondern verlässt zwei- bis dreimal pro Tag das Nest, um zu trinken und zu fressen. Es rupft sich im Nest weiße Bauchdaunen aus, die die blaugrünen Eier hübsch verpacken und warmhalten.

Ökonomie und Risikomanagement

Doch es geschieht noch einiges mehr zu dieser Zeit. Die Entenmutter legt nämlich nicht alle Eier ins eigene Nest! Sie scheint ein tiefes ökonomisches Verständnis zu haben, sie weiß, dass es nicht klug ist, alle Eier in denselben Korb zu legen. Spatelentenweibchen legen zwar den größten Teil ihrer Eier ins eigene Nest, einige aber auch in die Nester von anderen. So verteilen sie das Risiko. Letztendlich ist die Anzahl der Eier in den Nestern ungefähr gleich, aber es gibt immer einzelne Nester, die aus irgendeinem Grund besonders beliebt sind. Dort läuft alles aus dem Ruder, die Eier türmen sich auf, bis zu dreißig Stück, und keine Ente könnte diesen Riesenhaufen allein ausbrüten. Dies passiert vor allem in Nisthöhlen an sehr auffälligen Orten, zum Beispiel auf einer hohen Klippe mit einem attraktiven Loch. Es liegt auf der Hand, dass dieser Eierhaufen vernachlässigt wird und niemals kleine Enten daraus werden.

Nachdem die Weibchen ungefähr zwei Wochen gebrütet haben, benötigen die Männchen ihr Prachtkleid nicht mehr und wechseln das Gefieder. Die weißen Tupfen im Gesicht verschwinden, und der Kopf wird komplett schwarz. Sie verlieren auch die weißen Schmuckstellen an den Flanken, und die weiße Brust wird dunkler. Dann verlieren sie die Flugfedern und damit ihre Flugfähigkeit. Jetzt sind sie weniger auffällig, legen ihr sogenanntes Schlichtkleid an, sodass es für den Laien schwierig wird, Spatelenten im Sommer auf dem Mývatn zu unterscheiden.

Das Interesse der Männchen an den Revieren versiegt allmählich, und sie ziehen in Gruppen am Ufer entlang, in kleinen Männerklubs. Der Territorialanspruch wird zu dieser Zeit ohnehin hinfällig, weil die Mücken aus dem Wasser kommen, alles Essbare vom Seegrund verschwindet und in die Luft aufsteigt.

Nach dreißig Tagen Brutzeit schlüpfen alle Küken im Nest am selben Tag. Wenn man zu dieser Zeit am Nest lauscht, kann man sie in den Eiern piepen hören, noch bevor Anzeichen eines baldigen Schlüpfens zu sehen sind. Aus einem Ei dringt ein Rufen, aus dem nächsten kommt die Antwort, und sie unterhalten sich auch mit der Mama. Ein Küken ergreift schließlich die Initiative und beginnt, von innen ein Loch in die Schale zu schlagen, woraufhin die anderen es ihm rasch nachtun. Wenn die Küken schlüpfen, sehen sie feucht aus, aber sie haben nur eine dünne, durchsichtige Haut um ihr Gefieder. Die reibt sich schnell ab, die Daunen ploppen auf, und die Küken verwandeln sich innerhalb von Sekunden in flauschige Knäuel. Sie haben schwarze Köpfe und schneeweiße Wangen, ihre Augen sind pechschwarz und verschmelzen mit der Farbe des Kopfes. Der Rumpf ist gräulich mit zwei runden weißen Flecken an der Hinterseite, wie die Rückfahrscheinwerfer bei einem Auto.

Kurz nach dem Schlüpfen der Küken frisst die Mutter die Eierschalen und gewinnt so den Kalk zurück, den ihr Körper verloren hat. Dann wartet sie einfach ab. Die neue Familie verbringt ungefähr einen halben Tag im Nest und unterhält sich, macht es sich gemütlich, erholt sich vom Schlüpfen und genießt den Schutz der Lavahöhle. Doch dann wird das Weibchen unruhig und beginnt zu quaken, rhythmisch und mit leiser Stimme. Es tastet sich vorsichtig aus der Höhle, vergewissert sich, dass keine Gefahr droht, und quakt dann lauter. Die Jungen werden ganz aufgeregt, suchen die Nestöffnung und purzeln dicht hintereinander heraus. Wenn die Höhle sich in einem hohen Felsen befindet, springen sie einzeln hinunter. Sie lassen sich unerschrocken von einem hohen Felsen oder aus einem Belüftungsloch in einer Scheunenwand fallen, stürzen sich mit ausgebreiteten Flügeln, die nur kleine Stümpfe sind, und gespreizten Schwimmhäuten vom Rand. Sie sind federleicht und landen sanft auf dem Boden. Damit beginnt ihre erste Reise, die Reise der Entenmutter mit der gesamten Kükenschar im Gänsemarsch zum See oder zum Fluss. Dort angekommen, beginnen die Jungen bereits nach wenigen Minuten zu tauchen. Sie hüpfen in die Luft, um Anlauf zu nehmen und möglichst tief ins Wasser zu gelangen und schießen nach dem Tauchgang wie Flaschenkorken wieder an die Oberfläche. Dieses Verhalten ist angeboren und für die Küken ganz selbstverständlich.

Diese erste Reise ist eine von vielen gefährlichen Phasen im Leben der kleinen Spatelentenküken. Die meisten Leute, die am Mývatn aufgewachsen sind, erinnern sich wehmütig an die Entenküken in ihrer Kindheit, die sich verlaufen und ihre Mutter verloren haben. Die Küken kommen sogar bis in die Häuser, und auch wenn die Kinder versuchen, sie aufzuziehen oder zurück zu ihrer Mutter zu bringen, müssen sie lernen, dass es nicht leicht ist, kleine Entenküken zu retten, denn sie sterben meistens schnell. Das Leben der Kleinen hängt davon ab, möglichst rasch gute Nahrung zu bekommen, und sie vertrauen ihrer Mutter, sie an die richtigen Orte zu bringen. Häufig führt der Weg über die gefährliche Nationalstraße, die den See umrundet. Dort rasen die Autos teilweise mit neunzig Stundenkilometern vorbei und können nicht mehr rechtzeitig bremsen, wenn eine Reihe winziger Küken auf die Straße läuft. Es wäre eine sinnvolle Sache für das Gemeinwohl, das Tempolimit aus Rücksicht auf die jüngsten Einwohner von Entenhausen in dieser Jahreszeit zu senken.

Die Aufzucht der Jungen

Entenküken sind sehr selbstständig und müssen nicht gefüttert werden, deshalb besteht die Hauptaufgabe der Mutter darin, sie zu einer guten Nahrungsquelle zu bringen, sie vor Gefahren zu warnen und sie warm zu halten. Wenn die Ente mit der Kükenschar eine gute Stelle auf dem See oder Fluss erreicht hat, lässt sie sich dort nieder und verjagt alle anderen Enten.

Erstaunlicherweise vergrößert sich die Kükenschar mit der Zeit, das heißt, Küken aus anderen Nestern kommen hinzu. Im Handumdrehen kann die Gruppe Dutzende von Küken umfassen, irgendwann sogar über hundert. Jede Gruppe wird jedoch von nur einem Weibchen betreut. Man weiß nicht genau, warum ein bestimmtes Weibchen die Erziehungsaufgaben übernimmt oder ob das ein begehrter Job ist. Zumindest gibt es keine besonderen Hinweise, dass die Weibchen danach streben, und eine Ente hat keine erkennbaren Vorteile, wenn sie fremde Küken um sich sammelt.

In einem Jahr wurde einmal genau untersucht, was passiert, wenn sich Kükengruppen vermischen. Alle Spatelentenweibchen wurden mit kleinen Plastikringen an den Beinen markiert. So konnte man einzelne Vögel auch aus einer gewissen Entfernung erkennen und herausfinden, ob dieselben Weibchen die ganze Zeit auf die Küken aufpassen oder sich damit abwechseln.

Wenn die Küken ihre Nester verlassen, bringen die meisten Mütter sie auf direktem Weg zu den Quellflüssen der Laxá, wo der Fluss aus dem See abfließt. Die Quellflüsse sind unverkennbar der beliebteste Ort zu dieser Jahreszeit, weil sich dort ein großes Nahrungsangebot im Wasser befindet, eine heranwachsende Generation von Kriebelmückenlarven. Küken, die am Ostufer des Mývatn schlüpfen, schwimmen quer über den See, manche bis zu zehn Kilometer, und Küken, die in Nestern unterhalb der Quellflüsse schlüpfen, etwa beim Hof Helluvað, müssen mit ihren Müttern ungefähr drei Kilometer flussaufwärts schwimmen, bis sie das Schlaraffenland erreichen.

Die Mütter, die als erste bei den Quellflüssen ankommen, lassen sich an den besten Stellen nieder, die sich in der Regel genau am Abfluss der Laxá aus dem Mývatn befinden, wo es die meisten Larven gibt. Sie lieben diese Stellen und nehmen sie in Besitz. Doch es bleibt nicht lange friedlich, weil ständig Neuankömmlinge eintreffen, die ebenfalls versuchen, einen guten Platz zu ergattern. Dafür müssen sie die Reviere der bereits eingetroffenen Mütter durchqueren. Einzelne Weibchen klettern mit ihren Küken auch aufs Ufer und nehmen den Landweg, um Zusammenstöße zu vermeiden. Üblicher ist es jedoch, geradewegs durch die Reviere der anderen zu schwimmen, und dabei kann allerhand geschehen. Manchmal kommt es zu Auseinandersetzungen, nach denen der Neuankömmling mit denselben Küken weiterzieht. Manchmal prügeln sich die Weibchen erbittert, kämpfen auf Leben und Tod und beißen sich an den Federn der anderen fest. Die Küken bekommen Angst, sammeln sich an einem Fleck, und die Geschwistergruppen vermischen sich. Wenn der Kampf zu Ende ist, kann es passieren, dass die gesamte Gruppe zu der bereits ansässigen Entenmutter schwimmt, die dann die gesamte Kükenschar übernehmen muss, während der Neuankömmling ohne Küken von dannen zieht.

Wenn man geduldig wartet, eine halbe oder ganze Stunde, sieht man den Neuankömmling vielleicht sogar zurückkehren. Die Ente schwimmt in der Nähe auf dem Wasser und beginnt laut zu quaken, so wie sie ihre Küken aus der Nisthöhle gerufen hat. Das alteingesessene Weibchen versucht immer wieder, sie zu vertreiben, was ihm manchmal gelingt. Dieses Spiel kann sich zwei- oder dreimal wiederholen, doch am Ende hat das alteingesessene Weibchen meist die gesamte Kükenschar am Hals.

Es kann allerdings auch vorkommen, dass die meisten oder alle Küken zu der neu eingetroffenen Ente schwimmen und mit ihr gemeinsam das Gebiet verlassen. Dann lässt sie sich mit der ganzen Truppe an einer anderen, noch nicht besetzten Stelle nieder. Die alteingesessene Ente, die dadurch alle Küken verliert, bleibt zwei bis drei Tage allein in ihrem Revier und verteidigt es weiterhin, nimmt aber keine fremden Küken zu sich. Allmählich lässt ihr dominantes Verhalten nach, und am Ende schließt sie sich mit einer Gruppe von Weibchen zusammen, denen es genauso ergangen ist.

Der Neuankömmling scheint die Geschehnisse also bis zu einem gewissen Grad steuern zu können. Die Ente könnte zum Beispiel beschließen, nicht zurückzukommen, wenn ihre Küken bei einer anderen, bereits niedergelassenen Ente gelandet sind. Auf diese Weise könnte sie ihre Jungen geschickt in ein gutes Revier mit besseren Überlebenschancen schmuggeln. Sie kann das System überlisten, indem sie ihre Küken in Pflege gibt. Auch wenn es nicht bewiesen ist, weist vieles darauf hin, dass der Kükentausch an den Quellflüssen der Laxá jedoch eher willkürlich abläuft.

Was ist nun die Aufgabe der Pflegemutter? Nachts hockt sie auf den Küken und hält sie warm. Tagsüber bringt sie ihre Schützlinge mehrmals ans Ufer, damit sie sich ausruhen können. Dann kuscheln sich die Küken unter ihre Flügel, und wenn die Schar zu groß geworden ist, sammeln sie sich in Grüppchen neben der Mutter. Die Hauptaufgabe der Pflegemutter ist nach wie vor, dafür zu sorgen, dass die Küken genug zu fressen haben. In den Quellflüssen der Laxá sind die Kriebelmückenlarven zahlreich und wachsen sehr schnell. Deshalb eignet sich diese Gegend am Anfang am besten. Doch schon bald verpuppen sich die Larven, fliegen vom Fluss auf, und die Nahrung verschwindet. Weibchen, die vorher die besten Reviere hatten, geben auf und müssen weiterziehen. Sie haben nun zwei Möglichkeiten: flussaufwärts zum Mývatn oder weiter flussabwärts zu schwimmen. Wenn sie sich für Letzteres entscheiden, müssen sie die Reviere weiter unten am Fluss durchqueren. Die ehemals zweitbesten Gebiete sind nun die besten, und die ursprünglichen Revierchefinnen sind zu heimatlosen Flüchtlingsenten geworden. Dieser Vorgang wiederholt sich in einem fort, parallel zum Schlüpfen der Kriebelmücken, und die Weibchen neigen dazu, wie bei einer Art Bockspringen flussabwärts zu ziehen. Eine Mutter, die anfangs mit ihrer Kükenschar am oberen Teil des Flusses residiert, muss ihr Revier verlassen und an allen anderen unterhalb ansässigen Weibchen vorbeiziehen und endet schließlich im schlechtesten Gebiet. Dieser Ablauf vollzieht sich auf einem etwa zwei Kilometer langen Stück, vom Abfluss oben bei den Quellflüssen bis zu den Höfen von Arnarvatn, manchmal sogar weiter.

Die sich ständig verändernde Situation verlangt von der Kükenmutter, dass sie die Nahrungsbedingungen im Fluss genau verfolgt. Dazu lässt sie die Küken von Zeit zu Zeit allein, eine halbe oder ganze Stunde, meist gegen Mittag. Erst ruft sie die Küken zu sich und schärft ihnen ein, eng zusammenzubleiben. Dann fliegt sie weg und taucht hektisch an einer anderen Stelle im Fluss, außer Sichtweite der Küken, die währenddessen dicht beisammenhocken.

Bach-Nelkenwurz

Horrorgeschichte aus Entenhausen

Unzählige Gefahren drohen den Jungen in ihrer ersten Lebensphase, und viele überstehen den harten Kampf ums Überleben nicht. Die Autos auf der Nationalstraße, die stets hungrige Heringsmöwe, der Gerfalke, die Forelle, Schneeeinbrüche im Sommer, Nahrungsknappheit und so weiter. Doch manchmal kommt die Gefahr auch aus einer unerwarteten Richtung! Ich erzähle Ihnen da mal eine Geschichte …

An einem schönen, milden Julitag jogge ich hinunter zur Laxá, um an einem »guten Spatelentenort«, den ich im Frühling entdeckt habe, Ausschau nach Küken zu halten. Es war fantastisch, die Enten dort in der Paarungszeit zu beobachten, wie das Spatelentenmännchen seine Partnerin und die Reviergrenzen verteidigte und andere Erpel mit grotesken Drohgebärden vertrieb, das Weibchen sehr geschäftig und hochzufrieden mit seinem Partner. Zu sehen, wie das Männchen den Kopf vorstreckte und auf die Wasseroberfläche legte und in einem rasenden Tempo auf ein anderes Männchen zustürmte, das sich über die unsichtbare Grenzlinie gewagt hatte. In den meisten Fällen wich das fremde Männchen sofort zurück, und das Weibchen lobte seinen Partner mit den typischen Gesten des Verneigens. Schließlich handelt es sich hier um eines der teuersten Einfamiliengrundstücke in der Gegend. Die Stelle ist gut abgegrenzt und ziemlich leicht zu verteidigen; am unteren Ende befinden sich starke Stromschnellen, auf beiden Seiten Uferstreifen, und nur das obere Ende ist ungeschützt. Wahrscheinlich gibt es nirgendwo auf der Welt mehr Mückenlarven als an diesem Ort, weshalb eine beträchtliche Nachfrage herrscht und man davon ausgehen kann, dass dort »die Fähigsten« ihrer Art leben. Deshalb bin ich gespannt auf die Kükensituation.

Der Pfad zum Fluss windet sich um grasbewachsene Krater

und Lavasenken, führt an einem mit Binsen umstandenen Teich vorbei, der in der Sommerhitze austrocknet, auf einen kleinen Hügel und an der anderen Seite wieder herunter. Strand-Grasnelke, Stängelloses Leimkraut, Zottiges Fingerkraut, Alpen-Hornkraut und Steifer Schöterich schmücken die umliegenden Wiesen. Dann biegt der Pfad in einer scharfen Kurve hinunter zum See, und man erblickt das Villenviertel der Enten. Auf Anhieb sehe ich ein Weibchen mit einer großen Gruppe Küken, die sich dicht um die Mutter drängen, und vor ihnen, mitten in der Strömung, einen Eistaucher. Was macht der hier auf dem Fluss? Hilfe, das ist gefährlich! Die Küken suchen die sichere Nähe ihrer Pflegemutter und drücken sich an sie, alle gleichzeitig. Es sind zweiundvierzig, stelle ich nach mehreren Zählversuchen fest. Diese Ente hat offensichtlich die Küken mehrerer anderer Mütter übernommen, oder sie wurden einfach bei ihr zurückgelassen, weil sie am fähigsten ist und sich am besten Ort mit der meisten Nahrung befindet.

Die Spatelentenmutter bewegt sich auf das gegenüberliegende Ufer zu und schwimmt gegen die Strömung zum oberen Rand des Reviers, wo der Fluss breiter und ruhiger wird. Der Eistaucher ist verschwunden, ist weggetaucht und ins offenere Wasser geschwommen. Irgendwo auf dem Weg lässt die Ente die Zügel lockerer und erlaubt den Kleinen, sich zu verteilen und nach den köstlichen Mückenlarven zu tauchen. Es gibt nichts Entzückenderes als winzige, frisch geschlüpfte Spatelentenknäuel! Und so viele auf einmal, sie flitzen umher, heben die Brust aus dem Wasser und tauchen ab, quirlig und eifrig, schießen dann wie Flaschenkorken zurück an die Oberfläche und schwimmen in ihrer großen Geschwisterschar mit ihrer Supermama stolz umher. Die Mücken summen im Klang der Ewigkeit, das Plätschern der Stromschnellen dringt flussaufwärts und vermischt sich mit dem zarten Piepen der Küken, die große Gefahr, der Eistaucher, ist längst verschwunden. Das Leben ist wundervoll.

Aber Achtung! Vor einer kleinen Landspitze erscheint ein anderes Spatelentenweibchen. Es stürmt heran, reckt drohend den Hals auf der Wasseroberfläche und stürzt sich geradewegs auf die Supermama. Dieses Weibchen hat nur ein halbwüchsiges Junges dabei. Es folgt ihr in einigem Abstand, doppelt so groß wie die kleinen Küken in der Gruppe und im Vergleich zu ihnen linkisch und unbeholfen. Unsere Supermama weicht ein Stück zurück und ignoriert den Angriff, tut so, als wäre nichts geschehen, und widmet sich weiter ihrem Tun, Larven zu sammeln und nach der Gruppe zu schauen. Doch das andere Weibchen findet sich damit nicht ab, es meint, unsere Ente sei in sein Revier eingedrungen, und attackiert sie erneut, noch ungestümer als beim ersten Mal. Die Supermama will sich nicht auf ein Gerangel einlassen, taucht unter und kommt in einiger Entfernung wieder hoch.

In diesem Moment werde ich Zeugin eines schrecklichen Verbrechens direkt vor meinen Augen, ohne etwas dagegen unternehmen zu können. Die hinzugekommene Ente packt sich eines der kleinen Küken, schüttelt es und taucht es mehrmals unter Wasser, bis es völlig entkräftet ist. Dann pickt sie heftig nach ihm, bis es tot auf dem Rücken treibt, die kleinen Schwimmhäute in die Luft gereckt. Dabei sind die beiden mit der Strömung um die Landspitze herumgetrieben. Mir stockt vor Verwunderung und Entsetzen der Atem. Schließlich taucht die Ente mit dem toten Küken im Schnabel wieder vor der Landspitze auf und schleudert den kleinen Körper mitten in die Kükenschar. »Das hast du nun davon!«, scheint sie zu rufen und funkelt die Supermama wütend an. Die tut so, als würde sie gar nichts sehen, und ich verstehe nicht, warum sie den Eindringling nicht angreift. Aber wahrscheinlich weiß sie, dass es besser ist, sich um die große Gruppe zu kümmern, als durch einen Kampf weitere Risiken einzugehen. Doch da schlägt die rabiate Ente wieder zu und packt sich ein weiteres Küken! Ich mag kaum hinsehen, und Tränen steigen mir in die Augen. Erneut pickt sie auf das kleine Entchen ein, das tapfer, aber kurz gegen die Übermacht ankämpft, bis es vorbei ist. Dann schleudert sie das tote Tier zurück über die nicht registrierte, unsichtbare Grenze. Das Halbwüchsige folgt seiner brutalen Mutter in einigem Abstand und schaut zu. Jetzt hat unsere Ente endlich genug; sie treibt die Gruppe zusammen, und sie schwimmen flussabwärts. Ich zähle noch einmal. Es stimmt. Nun sind es vierzig, nicht mehr zweiundvierzig Küken. Wie viele von ihnen wohl in dieser harten Welt überleben werden? Das zerbrechliche Leben der kleinen Federknäuel wird nicht nur von Nahrungsmangel und schlechtem Wetter bedroht, sondern auch von ihren eigenen Artgenossen, sogar von einer anderen Entenmutter.

Vielleicht sind das die Nachteile, wenn man an einem guten Ort lebt. Viel zu viele Junge, die man großziehen muss, und um einen herum nichts als Eifersucht und Hass. Und wo sind die Männchen, die ihre Partnerinnen im Frühling so fleißig verteidigt und die Grenzen bewacht haben? Die vergnügen sich jetzt in ihrem Männerclub auf dem See und kümmern sich nicht um die Aufzucht der Jungen. Ich kann mich des Eindrucks nicht erwehren, dass die Entwicklung hier eine falsche Richtung eingeschlagen hat. Für ein energisches und robustes Spatelentenmännchen wäre es ein Fulltimejob, auf seine Partnerin und den Nachwuchs aufzupassen!

Die Spatelentenkinder, die diese ersten Hindernisse überstehen, werden am Anfang des Herbstes flügge, genau wie alle anderen Entenjungen. Der extreme Größenunterschied zwischen Männchen und Weibchen ist bei den Jungen schnell zu sehen. Männliche Küken stecken sofort jegliche Energie ins

Wachstum, sie haben es eilig, groß zu werden und in der Hackordnung aufzusteigen. Weibliche Küken legen hingegen mehr Wert auf die Entwicklung der Flügel und werden deshalb wesentlich früher flügge als die Erpel.

Dann kommt der lange, kalte Winter – was machen die Jungvögel da? Wovon leben sie? Inzwischen bevölkert eine neue Kriebelmückengeneration den Fluss. Der Grund ist mit fetten Larven bedeckt, warum also nicht den Winter hier verbringen? Man kann sich auch hinauf zum Mývatn begeben, denn im See gibt es Quellen mit ganzjährig gleichbleibender Temperatur, an denen den ganzen Winter über Eislöcher sind. Manche ziehen los und schauen sich die Welt und andere Seen an, den Svartárvatn, die Veiðivötn oder den Apavatn, Flüsse wie den Sogið oder Quellbäche und Teiche am Rand des Lavafelds Skaftáreldahraun.

Im darauffolgenden Frühjahr sind die Jungen sehr weit verteilt, weil die erwachsenen Paare um die besten Brutgebiete wetteifern und Jungvögel dazwischen nicht dulden. Die jungen Erpel kleiden sich im nächsten Herbst zum ersten Mal in ihr Prachtkleid, und nachdem sie die weißen Tupfen angelegt haben, sind sie bereit, den grellgelben Blicken ihrer Konkurrenten standzuhalten und mit den Damen anzubändeln.

Spatelente im Schlichtkleid

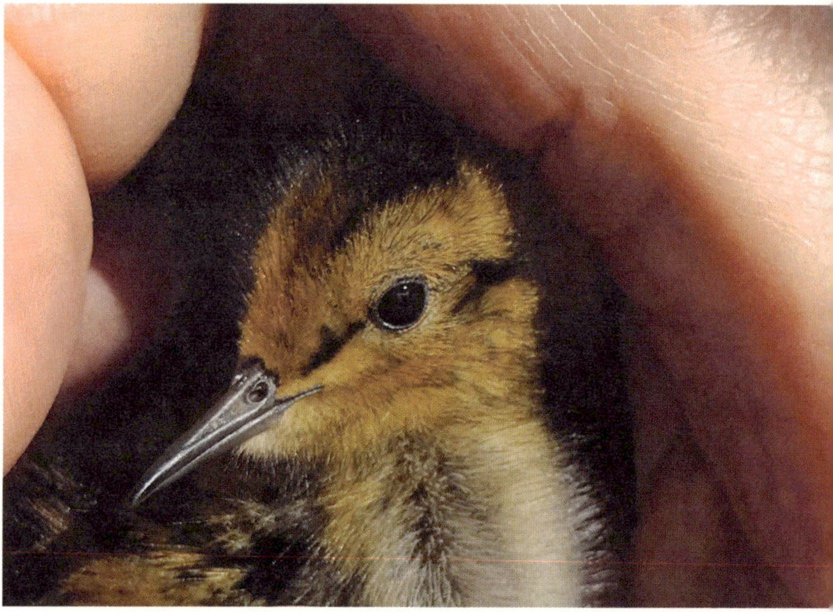

Das Brutgebiet

Die Leute am Mývatn haben eine kuriose kulinarische Tradition, sie essen faule Enteneier! Und die schmecken ihnen sogar, wenn auch vielleicht nicht allen. Fermentierte Eier, ein etwas feineres Wort für faule Eier, sind ein speziell mývatnsches Gericht. Wobei der Konsum stark zurückgegangen ist, aber ich habe im Winter schon þorrablót-Feste besucht – ehemals traditionelle Opferfeiern für die alten nordischen Götter –, bei denen kultivierte Einheimische stolz umhergingen und den Gästen fermentierte Eier anboten. Die meisten Zugezogenen finden das schlichtweg widerlich und möchten auf keinen Fall probieren, aber Aufgeschlossenere, die sich getraut haben, sagen, der Geschmack erinnere ein wenig an feinen französischen Käse, allerdings von der stärkeren Sorte …

Der Mývatn, die Laxá und die umliegende Gegend haben die Menschen seit der Besiedlungszeit gut ernährt, und bis zur Mitte des letzten Jahrhunderts hatte das Eiersammeln erheblichen Anteil daran. Bei archäologischen Untersuchungen von Abfallstellen mittelalterlicher Höfe fand man sehr viele Eierschalen, was uns zeigt, dass Enteneier schon seit jeher gesammelt und verzehrt wurden.

Alte Traditionen

Im Jahr 2000 zogen Grundschüler der Gemeinde Skútustaðir los und befragten ältere Anwohner über die frühere Nutzung von Entenbrutgebieten. Die Kinder sprachen unter anderem mit Helgi Vatnar Helgason von Grímsstaðir und Auður Ísfeldsdóttir von Kálfaströnd.

Vatnar und Auður berichteten, dass der Beginn der Eiersammelzeit schwanke und sehr wetterabhängig sei. Man begann um den 20. Mai herum und sammelte bis Mitte Juni. Mit jeweils drei bis vier Tagen Zwischenraum wanderte man die einzelnen Gebiete ab. Bei Regenwetter ging man nicht los, denn das Gelege kann auskühlen, wenn die Ente das Nest verlässt und die Daunen nass werden. Eier wurden hauptsächlich von Einheimischen gesammelt, aber manchmal kamen auch Gäste mit, die es einmal versuchen wollten. Jugendliche durften ab dem Konfirmationsalter mit.

Zeitig im Frühjahr ging man zu den Brutgebieten und präparierte die Nistplätze, bevor die Enten eintrafen. Beim Eiersammeln galt die Regel, dass immer mindestens vier Eier im Nest belassen wurden, aus einem Gelege mit fünf Eiern nahm man also nur eins mit. Bei Spatelenten entnahm man noch weniger Eier, weil diese Enten seltener waren und ziemlich empfindlich auf Störungen reagieren. Wenn viele Daunen im Nest lagen, nahm man welche mit, und am Ende der Brutzeit im Sommer, wenn die Vögel die Nester verlassen hatten, las man den Rest auf. Die Daunen waren wegen des vertrockneten Grases und anderer Verunreinigungen, die sich darin festgesetzt hatten, jedoch von unterschiedlicher Qualität. Zudem variierten sie je nach Entenart. Normalerweise legen Stockenten, Krickenten, Spießenten und Eisenten zuerst Eier, dann folgen Pfeifenten, Reiherenten, Spatelenten und Bergenten, und zuletzt Mittelsäger. Die Eier wurden hauptsächlich per Hand gesammelt, nur für tiefe Nisthöhlen benutzte man Kescher. Die Eier legte man in selbst hergestellte Körbe aus Weidenruten, vor allem aus Arktischer Weide.

Für Eier bestand in früheren Jahrhunderten dasselbe Problem wie für andere Nahrungsmittel: Die Kunst lag darin, sie zu konservieren. Frische Eier konnte man in Pökellake aufbewahren, einer Mischung aus Kalk, Wasser und Salz, so dick, dass die Eier obenauf schwammen. Zudem konnte man die frischen Eier »aufkochen«. Dafür wurden sie in ein Tuch gelegt und ungefähr zehn Sekunden in kochendes Wasser gehalten, anschließend in Papier gewickelt und an einem kalten Ort in einer Kiste gelagert. So bewahrte man die Eier bis weit in den Winter auf. Gerður Benediktsdóttir von Skútustaðir erzählte mir außerdem, dass auf ihrem Hof immer nur so viele Eier gesammelt wurden, wie man unmittelbar brauchte, und wenn man Eier aufbewahren wollte, bedeckte man sie einfach mit Roggenmehl. Heutzutage ist es überhaupt kein Problem mehr, Eier aufzubewahren, fügte sie hinzu, man muss sie nur aufschlagen, Eigelb und Eiweiß verrühren, in eine Plastiktüte füllen und einfrieren. Das eignet sich zum Brotbacken genauso gut wie zum Braten.

Eier, die schon angebrütet waren, in denen sich also bereits ein Küken entwickelte, legte man in trockene Asche, bewahrte sie bis zum Winter auf und ließ sie faulen. So entstanden die fermentierten Eier.

Löffelente

Eiersammeln mit Hjördís

Entenbrutplätze werden in der Region immer noch genutzt, wenn auch nicht im selben Maße wie früher. An einem Tag Anfang Juni klopfe ich bei Hjördís Finnbogadóttir in Geirastaðir an, die auf dem Weg zu einem Spatelentenbrutgebiet ist. Hjördís wuchs mit drei Generationen auf dem Hof Geirastaðir auf und begleitete ihre Großmutter Kristbjörg als kleines Mädchen oft beim Eiersammeln. Sie erzählt, man habe regelrecht darum wetteifern müssen, weil ihr jüngerer Bruder genauso erpicht darauf gewesen sei wie sie. Die Großmutter nahm gern Kinder mit, denn sie war zu diesem Zeitpunkt schon recht betagt und hatte Probleme, sich zu bücken und in die Löcher oder kleinen Höhlen hineinzuspähen, um nachzusehen, ob eine Spatelente auf dem Nest saß. Beide Kinder mitzunehmen, war ihr hingegen zu viel, und deshalb durfte immer nur eines mit. Kristbjörg kannte alle Spatelentenhöhlen und liebte das Eiersammeln, verließ aber sonst ungern den Hof. Nur einmal fuhr sie nach Húsavík zum Arzt, und auf dieser Reise starb sie. Das Eiersammeln hatte sie von ihren Großeltern gelernt, die ebenfalls in Geirastaðir gewohnt hatten. Kristbjörg hatte viele Geschwister, und um die Jahrhundertwende 1900 war jedes der Geschwister auf einem anderen Hof in der Mývatn-Region zur Welt gekommen. Zur damaligen Zeit wurde der meiste Grundbesitz verpachtet, und die Leute wechselten oft den Wohnsitz – zogen mit allen Kindern und der gesamten Schafherde von Hof zu Hof. Doch schließlich ließ sich die Familie endgültig in Geirastaðir nieder, und dort steht noch immer die Reisekiste von Hjördís' Urgroßmutter, in der sie ihre Habseligkeiten von Hof zu Hof transportierte.

Kristbjörg war eine große Entenfreundin und kannte die Geschichte jeder einzelnen Spatelente. Sie wusste haargenau, wie lange sich jede Ente an eine bestimmte Höhle hielt. Manche Tiere mochte sie lieber als andere, Spatelenten werden nämlich alt und haben einen ausgeprägten Charakter. Kristbjörg konnte sie unterscheiden und wusste, wie sich jede einzelne verhielt. Auf dem Hof war sie für die Kühe zuständig, und Hjördís fand, dass ihre Großmutter mit den Spatelenten genauso umging wie mit den Kühen. Diese Ente bekam meistens so und so viele Eier, sie zog die Küken immer groß und kümmerte sich gut um sie … und dann gab es eine andere, die ihr Nest jedes Mal vernachlässigte und die Eier nicht ausbrütete. Die ähnelte dann einer schlechten Kuh, die gingen Kristbjörg nämlich ziemlich auf die Nerven.

Hjördís und ich wollen das Brutgebiet auf Helgey ablaufen, eine große, von den strömungsreichen Quellflüssen der Laxá umgebene Insel, die zum Land von Geirastaðir gehört. Es weht ein frischer Wind, doch Hjördís lässt sich nicht davon abhalten, Hauptsache, es regnet nicht. Wenn man eine Ente von ihrem Nest scheucht und Eier entnimmt, muss man anschließend Daunen auf das Nest legen, aber wenn es regnet, werden die Daunen nass und halten das Gelege nicht mehr warm. Als Hjördís und ich uns den Höhlen der Spatelenten auf dem Lavafeld nähern, spricht sie mit den Tieren, und einige sind so zutraulich, dass sie ihnen über den Rücken streichen kann – genau wie früher ihre Großmutter. Es ist offensichtlich, dass die Spatelenten Hjördís kennen, sie bleiben ruhig und geraten nicht in Panik, wenn sie kommt. Hjördís glaubt, dass man mit Tieren sprechen muss, um sie nicht zu erschrecken. Bei einem fremden Geschöpf, das schweigend herumläuft, werden Tiere misstrauisch. Die Stimme und der Tonfall sagen ihnen sehr viel, und genau wie andere Tiere erkennen die Enten Menschen am Klang ihrer Stimmen.

Wir kommen zu einer Nisthöhle, in der Eier liegen. Die weißlichen Daunen sind ordentlich über das Gelege gebreitet, aber die Entenmutter ist zu Tisch. Hjördís erzählt mir, dass diese Ente immer sehr früh Eier gelegt und ausgebrütet hat, nur letztes Jahr nicht, aber sie weiß nicht, warum. Vielleicht war sie hungrig, meint Hjördís, als sie den Kescher in die Höhle schiebt, um die Daunendecke anzuheben, damit sie die Eier zählen kann. Es sind fünf. Hjördís zeigt mir voller Bewunderung das vorbildliche Nest ihrer Freundin, in dem die neuen Daunen ganz dicht bei den Eiern liegen. An diesem Tag sind es zwanzig Grad, sodass die Ente eine lange Mittagspause machen kann. Weil nur fünf Eier im Nest sind, nimmt Hjördís keines heraus. Das ist ihre Regel, sie lässt nie weniger als fünf zurück!

Während Hjördís in ihrem Büchlein notiert, welche Nester wir schon kontrolliert haben, wo sie sich befinden und wie es um sie bestellt ist, betrachte ich den Fluss, der klar und munter Richtung Laxárdalur fließt. Es ist ein Vergnügen, die Rutschpartien der Kragenenten in den Stromschnellen zu beobachten. Wieder und wieder werfen sie sich in die Strömung wie furchtlose Adrenalinjunkies. Wenn ich eine Ente wäre, müsste es eine Kragenente sein, denn das macht bestimmt einen Riesenspaß! In einem naturwissenschaftlichen Lehrbuch habe ich einmal gelesen, die Kragenente sei der schönste Vogel in Island. Für eine Ente ist er in der Tat äußerst prachtvoll. Stahlblau mit rostroten Flanken und weißen Tupfen und Streifen, die mit der weißschäumenden

Spatelente mit Küken

Strömung des Flusses harmonieren. So passt die Ente sich ihrer Umgebung an, obwohl sie so farbenfroh ist. Im Winter zieht sie hinaus aufs Meer und hält sich gern am äußersten Rand der Fjorde auf, wo viel, aber nicht zu hohe Brandung herrscht. Dort hat man ihr den schönen Namen Brandungstaube gegeben. Ihr Lebenslauf ähnelt dem des Lachses, im Frühling schwimmt sie die Flüsse hinauf, fliegt nur selten über Land, und wenn sie flussaufwärts fliegt, folgt sie jeder Flussbiegung und fliegt unter Brücken hindurch, nicht darüber hinweg wie die Spatelente. Sie sucht nichts, denn sie weiß, wohin sie will, und lässt sich dafür Zeit. Sie kennt diese Orte, sie ist dort aufgewachsen. An der Laxá liegt eines der weltweit größten Brutgebiete der Kragenenten.

Hjördís hat ihre Notizen beendet, und ich unterhalte mich mit ihr über die Kragenenten. Sie erzählt mir, dass Kragenenten in der Regel unter Büschen oder Uferkanten nisten, die meist guten Schutz bieten, an einigen Stellen auch in einer Art Höhlen und nur selten auf offenen, ungeschützten Flächen. Das Besondere bei Kragenenten ist, dass sie im Verhältnis zu ihrer Körpergröße größere Eier legen als viele andere Entenarten und ihre Jungen dadurch ungewöhnlich gut ausstatten, denn sie müssen schon kurz nach dem Schlüpfen in der Lage sein, bei starker Strömung nach Nahrung zu tauchen. Kragenenten sind zum Glück streng geschützt, genau wie ihre Eier, die deshalb nie gesammelt werden.

Wir wandern weiter zu einem Nest in einem schönen Lavafelsen und sind beeindruckt, welch cleveren und sicheren Ort sich dieses Weibchen ausgesucht hat. Hjördís erzählt, bei der Suche nach dem richtigen Nistort sei es am wichtigsten, dass der Kolkrabe nicht an das Nest gelangt. Kolkraben sind die größte Gefahr für die Enten, abgesehen vom Menschen natürlich. Aber beim Eiersammeln gehen wir sehr schonend vor, fügt sie entschuldigend hinzu und erklärt, sie habe bei Spatelenten lange

Zeit nur Eier mitgenommen, wenn die Tiere nicht mehr gebrütet hätten. Die Population hat sich über viele Jahre verringert, aber nun ist die Situation deutlich besser geworden.

Weiter folgen wir dem Pfad durch die Märchenlandschaft, halten Ausschau nach Nisthöhlen im Lavafeld und lassen uns vom Wind nicht beirren. Hjördís erzählt mir, dass es etwas weiter südlich Lavaformationen mit Spatelentennestern gebe, die nie von Kolkraben aufgesucht würden, die Stelle sei absolut sicher vor jeglicher Gefahr! Bis auf ein Mal, da habe ein Mittelsäger das Nest einer Spatelente geklaut und selbst dort genistet. Doch letztens, fügt Hjördís hinzu, habe es einen ungewöhnlichen Vorfall gegeben, zwischen den Lavaformationen sei nämlich alles voller Schafmist gewesen. Da sei ihr nichts anderes übrig geblieben, als zum Telefon zu greifen und den benachbarten Bauern Egill von Vagnbrekka anzurufen, um sich offiziell im Namen der Spatelenten zu beschweren. – Hör mal, Egill, hier liegt so viel Schafmist, dass man nicht nisten kann! Doch dann stellte sich heraus, dass Egills Schafe in dieser Lavafestung Schutz vor einem Unwetter gesucht hatten, das im vergangenen Herbst urplötzlich über sie hereingebrochen war. Um die fünfzig Schafe hatten sich dort eingefunden, waren vor dem Unwetter hinauf in die Lavaburg geflohen und dort immer im Kreis gelaufen, um sich warm zu halten. Dadurch hatten sie sich gerettet. Als Hjördís dies hörte, verzieh sie Egill sofort die Zustände in der Lavaburg.

Wir kommen zu einem Loch in der Lava. – Hier ist was, sagt Hjördís eifrig. Sie kniet sich hin, späht in das Loch und wiederholt ganz aufgeregt: Hör mal, hier ist was! Dann darf ich auch hineinschauen und sehe die Eier: sechs, sieben, acht, nein, neun Stück insgesamt! Ja, sie hat neun Eier, bestätigt Hjördís und beschließt, der Ente zwei wegzunehmen, dann ist sie immer noch gut gestellt. Sie weist mich darauf hin, dass die Ente gerade erst begonnen hat, zu »daunen«, wie ihre Großmutter das nannte, sich also Daunen für das Nest auszurupfen. Die Daunen lösen sich in dieser Zeit aufgrund von Hormonveränderungen, was der Ente das Auszupfen erleichtert. Sie verfolgt damit zwei Absichten: Sie kann ihre eigene Körperisolierung verringern und dadurch die Eier besser wärmen, außerdem kann sie mit den Daunen das Gelege warm zudecken und ihr Nest dann kurz verlassen. Diese Ente hat ihre Eier noch nicht zugedeckt, aber im Nest liegen noch alte Daunen und etwas Gras.

Wir erreichen einen Kraterhügel namens Arnarbæli, Adlerhorst. Unmittelbar nördlich von ihm stand früher eine Felsnadel am Strand, auf der ein Seeadler brütete, bis der Felsen ins Wasser stürzte. Hjördís' Großvater Stefán, Kristbjörgs Mann, ist hier in Geirastaðir geboren und aufgewachsen, und seine Eltern lebten hier, genau wie später Hjördís' Eltern. Stefán konnte sich noch daran erinnern, dass dort ein Seeadler genistet hatte, das musste kurz vor 1910 gewesen sein, und Stefán kam 1890 auf die Welt. Deshalb heißt dieser Ort Arnarbæli, und südlich von ihm liegt Litla-Arnarbæli, Klein-Adlerhorst. Dorthin stapfen wir gegen den Wind. Obwohl das geeignete Hügel wären, gibt es hier keine Spatelentennester. – Manchmal sind hier vereinzelte Bergentennester, erklärt Hjördís, aber die Bergenten haben noch nicht begonnen, zu nisten. Wir können ja trotzdem mal die Augen offen halten.

– Sieh mal, da ist ein einzelnes Spatelentenmännchen, und da noch eins, dann sitzen hier bestimmt irgendwo Weibchen auf ihren Nestern, sagt Hjördís und zeigt hinunter zum Fluss. Sie kann die Umgebung lesen wie ein Buch. Wir suchen in den nahe gelegenen Nisthöhlen nach den Ehefrauen. In einiger Entfernung sehen wir ein paar Schwimmenten, und etwas näher hocken zwei Mittelsäger am Strand und sonnen sich. Wir begegnen einem Eisentenmännchen und hören seinen schönen

Gesang. Hjördís spricht den Erpel an: Na so was, bist du ganz allein hier? Wo ist deine Frau? Was treibst du dich denn hier herum? Doch er antwortet nicht und verfolgt weiter seine Eisentengeschäfte, als wären wir unsichtbare Elfen.

Ob Hjördís als kleines Mädchen Spaß daran hatte, ihrer Großmutter durch das Brutgebiet nachzulaufen, oder war es eine lästige Pflicht? – Es war ein Abenteuer! Da gab es ja noch kein Fernsehen oder Computerspiele, und damals mussten die Kinder brav zu Hause bleiben, sollten den Mund halten und mit anpacken! Oma versorgte die Kühe, melkte morgens, kochte dann für alle, und danach war endlich Zeit zum Eiersammeln. Damit konnte sie sich bis zum abendlichen Melken beschäftigen. Damals war das ja noch anders als heute, da musste nicht alles auf die Minute erledigt werden. Oma ließ sich nicht aus der Ruhe bringen. Sie redete mit den Kühen, genau wie mit den Enten, und sie gehorchten ihr …

Hjördís verstummt plötzlich mitten in ihren Erinnerungen und deutet auf den Boden. – Hier sind zwei Höhlen, in denen oft genistet wird, letztes Jahr in beiden. Aber da ist noch nichts. Sie kniet sich hin und schiebt ihren Stock in das tiefe Loch, um festzustellen, ob sich ein Nest darin befindet. Ich will wissen, ob Hjördís' Großmutter auch einen solchen Stock dabeihatte. – Oma hatte immer drei Kescher dabei. Einer sah aus wie ein kleiner Schöpflöffel, den nannte sie Kelle, dann hatte sie noch einen längeren, und der dritte war noch länger, für die ganz tiefen Löcher.

Sie hält inne, späht in das Loch und sagt mit gespielt empörtem Tonfall: – Na, sagt mal, seid ihr denn verrückt, dass ihr diese schöne Wohnung nicht benutzt … Ich versuche, Partei für die Enten zu ergreifen, und entgegne: Haben sie sich in diesem kalten Frühling vielleicht nur ein bisschen verspätet? Doch Hjördís meint, das seien die besten Löcher, gut geschützt und sehr nah am See. Es sei merkwürdig, dass die Enten sie noch nicht bezogen hätten. Aber manche Enten sind eben Dickköpfe, genau wie Menschen.

Es war tatsächlich ein außerordentlich kalter Frühling. Ich schaue mich um und sehe hinter mir ein großes Schneefeld. Vielleicht ist es nicht verwunderlich, dass die Enten sich zweimal überlegen, ob sie neben dem Schnee brüten sollen. Obwohl wir in letzter Zeit zwanzig Grad hatten, hat sich das Schneefeld noch nicht merklich verkleinert.

Als Hjördís ein kleines Mädchen war, wurden die Eier nur frisch gegessen oder zum Backen verwendet. Später stellte sie selbst fermentierte Eier her, nur so zum Spaß, und sie hat sogar jetzt welche! Sie findet sie zwar nicht besonders lecker, probiert sie aber gerne mal.

Wir sind jetzt näher an der Laxá, und das Rauschen des Flusses ist so ohrenbetäubend, dass man kaum ein Wort versteht. Eine malerische Spatelentengruppe hält sich im Windschutz vor den Hofgebäuden von Geirastaðir auf. Ich kann nicht umhin, den Standort des Hofs zu bewundern. Die flachen Wohnhäuser stehen bescheiden am Ufer und spiegeln sich in dem glatten See. Sie sind halb verdeckt von Lavafelsen und Bäumen und fügen sich mit ihren grünen Dächern hervorragend in die Landschaft ein. Im Norden reckt der Belgjarfjall seine Bergnase, und im Süden sieht man den Sellandafjall und bei guter Sicht das dahinter liegende Ödland. Hjördís' Vater Finnbogi wohnt in dem alten Haus und Hjördís und ihre beiden Brüder in Nónbjarg, dem zweiten Haus.

Zu Hause angekommen, backt Hjördís eine Baisertorte aus Reiherenteneiern. Ich darf ein Trauerentenei probieren, und dann machen wir uns über die Baisertorte her. Sie hat einen ungewohnten Geschmack, wohl wegen der Enteneier, der sich aber gut mit Zucker, Sahne, Blaubeeren und Erdbeeren vermischt.

Mücken

Wenn die Pferde am Mývatn auf den Hügeln stehen, die Mähne schütteln und mit dem Schweif schlagen, ist das ein Zeichen dafür, dass die Kriebelmücken da sind. Mehrere Sommer habe ich ein altes Pferd vom Nachbarhof beobachtet. Es war das einzige Pferd auf dem Hof, hieß Ófeigur und stand auf einer Wiese, die einen hohen, ansehnlichen Pseudokrater aufzuweisen hat. Ófeigur war wie ein Mückenmessgerät, und je nachdem wo er sich befand, konnte man Rückschlüsse auf die Mückenlage ziehen. Wenn er in der Ebene rund um den Krater graste, waren mit ziemlicher Sicherheit kaum Mücken unterwegs. Wenn er am Hang stand, sollte man bei Spaziergängen lieber einen »Raubtierschutz« mitnehmen, wie die Leute am Mývatn die Mückennetze nennen. Und wenn der gute Ófeigur auf dem Gipfel des Kraters stand, war ganz eindeutig ein guter Tag für Hausarbeit, selbst wenn die Sonne vom wolkenlosen Himmel strahlte.

Man muss es den Mücken am Mývatn hoch anrechnen, dass sie in geschlossenen Räumen nicht stechen, eine außergewöhnliche Rücksichtnahme dieser winzigen Quälgeister. Aber sie kommen herein, und Fenster und Fensterbänke füllen sich während der Tanzschwärme mit Mücken, weiter dringen sie jedoch nicht vor in den Privatbereich der Häuser. Mir wurde einmal gesagt, am Mývatn habe eine gute Hausfrau der alten

Schule das ehrgeizige Ziel, darauf zu achten, dass auf der Fensterbank nicht eine einzige tote Mücke liegt. Deshalb war es für viele Hausfrauen gewiss kein Grund zur Freude, wenn die Mücken kamen. Ich habe versucht, es ihnen nachzutun, und der Mückenmasse auf der Fensterbank den Kampf angesagt, toten wie lebendigen, sie gnadenlos in den Abgrund des Staubsaugerbeutels gesaugt. Das ist viel Arbeit, wenn ein stetiger Strom von Mücken ins Haus schwirrt. Man kann zuschauen, wie sich die Fensterbänke an guten Mückentagen innerhalb kürzester Zeit wieder füllen.

Es ist keine Übertreibung, wenn man sagt, dass es am Mývatn viele Mücken gibt. Da macht man aus einer Mücke kein Kamel, wie man auf Isländisch sagt! Apropos Kamel. Die Biologen der Naturforschungsstation haben ausgerechnet, wie viele Kamele man aus den Mücken machen könnte, die in einem guten Mückenjahr im Mývatn schlüpfen. Es sind sage und schreibe vierhundert Kamele! Eine solche Kamelkarawane wäre 1,2 Kilometer lang. Vierhundert Kamele entsprächen 5700 Menschen. Eine Kette von 5700 Menschen, die sich an den Händen halten, wäre zehn Kilometer lang.

Es hat also durchaus einen Grund, warum der See Mückensee heißt und warum es im Isländischen das Adjektiv mückenreich gibt. Schädling, Raubmücke, Stechmücke, Kleine und Große Toppfluga, Zuckmücke, Kriebelmücke … all diese Wörter hört man am Mývatn im Zusammenhang mit Mücken, und man sollte sich zunächst einen Überblick verschaffen, worum es sich dabei handelt. Das Wort Schädling oder Raubtier wird, wie allseits bekannt, vielerorts für unterschiedliche Tiere verwendet, je nachdem worin die Bedrohung besteht. Der Fuchs ist ein Schädling, die Möwe ist ein Schädling, Menschen sind Schädlinge! Am Mývatn ist der Schädling die Kriebelmücke. Ich weiß nicht, ob Mücken auch an anderen Orten als Schädlinge bezeichnet werden, aber eins ist gewiss: Die Leute am Mývatn kennen ihre Mücken und ertragen sie, weil sie wissen, wie wichtig sie für die Biosphäre sind.

Zuckmücken und Kriebelmücken

Am Mývatn und an der Laxá gibt es zwei Hauptarten von Mücken, Zuckmücken und Kriebelmücken, und ihr Verhalten ist grundlegend verschieden. Das Auffälligste ist, dass Kriebelmücken stechen und Zuckmücken nicht. Zuckmücken setzen sich auf Häuser und Autos, was Kriebelmücken wiederum nicht tun. Der Hauptunterschied liegt darin, dass Kriebelmücken aus der Laxá stammen und Zuckmücken vor allem aus dem Mývatn. Die Larven der Kriebelmücken leben mit anderen Worten ausschließlich in Strömungsgewässern, während Zuckmücken überall leben können, am ehesten jedoch in Binnenseen.

Die am weitesten verbreitete Zuckmücke ist die von den Wissenschaftlern am Mývatn als Schleiermücke bezeichnete Mücke, auch Kleine Toppfluga genannt. Wobei der Begriff Kleine Toppfluga für ungefähr vierzig verschiedene Arten verwendet wird, aber die Schleiermücke kommt am häufigsten vor. Die Kleine Toppfluga hat noch eine Schwester, die Große Toppfluga, die auf Lateinisch *Chironomus islandicus* heißt und nur in Island zu finden ist. Sie ist charakteristisch für den Mývatn und wegen ihrer Größe mit bloßem Auge zu erkennen.

Zuckmücken bilden große Schwärme, die man schon von Weitem sieht, wenn man um den See herumfährt. Diese Mückensäulen zählen zu den Naturwundern der Erde, und es ist eindrucksvoll, geradezu unwirklich, wenn die grauen, transparenten, lebendigen Säulen summend in den Himmel steigen. Manche finden den Anblick wunderschön, insbesondere Insektenforscher, die schier durchdrehen vor Begeisterung, wenn sie zum Mývatn kommen und die Mückensäulen zum ersten Mal sehen.

Kriebelmücken und Zuckmücken gehören zu einer Gruppe von Mücken, die dadurch gekennzeichnet sind, dass ihre Larven Köpfe haben, im Gegenteil zu Maden, den Larven von Schmeißfliegen. Zu dieser Gruppe von Mücken gehören auch Schnaken (ja, Schnaken sind im Grunde Mücken) und Moskitos, die es in Island noch nicht gibt. Wenn mich die Mücken am Mývatn nerven, tröste ich mich damit, dass sie sich nicht so verhalten wie Moskitos, die immer und überall stechen und lebensgefährliche Krankheiten übertragen.

Wenn die Kriebelmücken aggressiv und sehr zahlreich sind – bei extrem dichten Mückenschwärmen –, spricht man von Schädlingsschwärmen. Im Grunde beschreibt dieser Begriff einen Zustand, der eigentlich nur dann entsteht, wenn es relativ windstill und feucht ist, nicht zu warm und nicht zu kalt. Das Wetter ist der wichtigste Faktor, um einzuschätzen, ob man sich im Juni und August zur Zeit der Tanzschwärme im Freien aufhalten kann – und das ist auch das Besondere am Mývatn: Sonne und Wärme gelten hier nicht unbedingt als ideales Wetter, sondern eine angenehme frische Brise!

Als eine kleine Mücke beinahe einen Pfarrer tötete

Die Naturforschungsstation befindet sich, wie gesagt, im alten Pfarrhaus, und das neue Pfarrhaus liegt nur hundert Schritte davon entfernt. Wissenschaft und Religion lebten hier auf der Wiese stets friedlich miteinander, und beide Parteien respektieren die Auffassung und Arbeit der anderen. Ringsum ist die Schöpfung höchst lebendig und wunderschön, kompliziert und vielfältig. Die Wissenschaft hat ihre Erklärungen dafür und sucht beständig nach Lösungen und Antworten, während die Religion sich auf ein altes Buch beruft und ja, vielleicht auf bedingungslosen Glauben. Pastor Örnólfur ist ein ausgesprochen liebenswürdiger und heiterer Mann. Auch wenn er sich selbst nicht allzu wichtig nimmt, begegnet er dem Leben mit gebührendem Ernst. Er zog vor zwanzig Jahren hierher, mit seiner Reisetasche und seiner Blockflöte, und ließ sich im »neuen« Pfarrhaus nieder. Nach Süden hin zeigt sich ihm durch das riesengroße Wohnzimmerfenster ein imposantes Bild der Natur: Bláfjall und Sellandafjall auf den Logenplätzen, davor mit Heidekraut und Gestrüpp bewachsene Lavahöcker inmitten von Seggen bestandenen Wiesen. Ganz vorn liegt der Teich Boðatjörn, ein kleines biologisches Geheimnis, wo seltene Vögel ihren täglichen Beschäftigungen nachgehen. Pfarrer Örnólfur erkannte sofort, dass er ein lebendiges Kunstwerk vor Augen hatte, und wusste es wohl zu schätzen.

Seine ersten Tätigkeiten als Pfarrer waren tragisch und schwer. Kurz nachdem er an den Mývatn gezogen war, ertranken bei einem plötzlich hereinbrechenden Unwetter drei Männer im See. Das war ein großer Schock für die kleine Gemeinde. Die Natur demonstrierte, wozu sie fähig war und dass der See genauso grausam sein kann wie das mächtige offene Meer. Pfarrer Örnólfur kümmerte sich aufopferungsvoll um die

Hinterbliebenen und erfüllte seine priesterlichen Pflichten, und zum Glück folgten dann alltäglichere Aufgaben. Örnólfur ist jedoch alles andere als ein traditioneller Pfarrer, er spielt für die Messebesucher gern Blockflöte und legt auch schon mal einen Beatles-Song auf, und im Sommer hält er die Messe draußen in der Lavakirche, inmitten der bizarren Steinformationen von Dimmuborgir ab. Nicht lange nachdem er hergezogen war, heiratete er eine tolle Frau, Fríða, die mit ihrer Mutter Gerður im Nachbarhaus in dem kleinen Weiler Skútustaðir wohnte, und später adoptierten die beiden zwei Mädchen, für die sie bis nach China reisten.

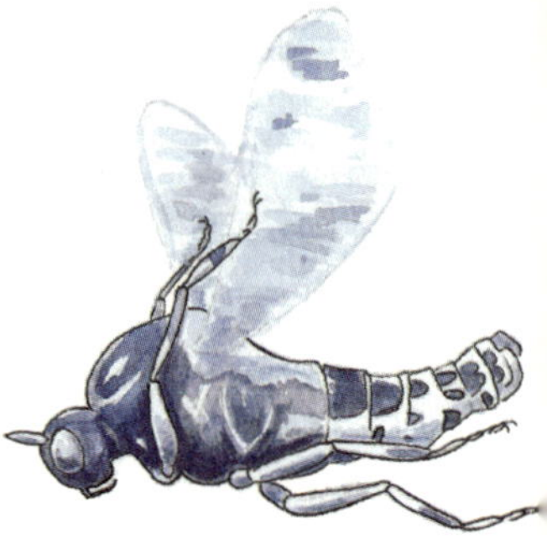

Kriebelmücke

Philosophische Gespräche über den Allmächtigen bereiten Pfarrer Örnólfur großes Vergnügen, aber er ist auch offen für Diskussionen über die Macht der Wissenschaften, besonders bei einer guten Tasse Kaffee. Er verfolgt immer gern mit, was die Leute in der Station gerade fabrizieren. Einmal ersuchte er sogar um wissenschaftlichen Rat, als er in Konflikt mit einem Vertreter der Schöpfung geriet.

Am 17. Juni, dem isländischen Nationalfeiertag, wird bei gutem Wetter in einem Wäldchen im Park von Höfði ein Fest gefeiert. Die Kinder bringen Luftballons und Fähnchen mit, es gibt Kinderschminken und Süßigkeiten, der Chor singt Heimatlieder, und eine Schauspielerin rezitiert Gedichte im Kostüm der Bergfrau, der nationalen Personifikation Islands. Der Pfarrer tritt ans Rednerpult, hält eine besinnliche Ansprache und spricht ein Gebet. So lief es auch am Nationalfeiertag vor ein paar Jahren wie gewohnt. Die Sonne schien, die Birken dufteten, und draußen auf dem See sang eine Eisente ihr Lied in F-Dur. Doch unglücklicherweise flog genau in dem Moment, als Pfarrer Örnólfur den Segen sprach, eine Mücke in seinen geöffneten Mund und löste einen unkontrollierbaren Hustenanfall aus. Der Husten wurde vom Lautsprecher verstärkt, und die Leute dachten schon, des Pfarrers letztes Stündlein habe geschlagen. Das dachte er auch. Vermutlich kündigt der Frauenverein deshalb seit diesem Zwischenfall die Feier am 17. Juni mit den folgenden Worten an: »Denkt an eure Mückennetze – und bringt gute Laune mit!«

Am nächsten Tag erschien der Geistliche samt der Mücke, die den Husten ausgelöst hatte, im Forschungslabor der Station und bat darum, sie durchs Mikroskop anschauen zu dürfen; er wolle diese Schöpfung Gottes, die ihn fast erledigt hätte, genauer untersuchen. Er war sofort ergriffen von der Schönheit der Flügel und begeisterte sich für deren filigrane und intelligente Machart. Daraus ergab sich ein langes Gespräch über den Sinn des Lebens.

Der Sinn des Lebens! Diese große Frage! Im Grunde erscheint er einem kristallklar, wenn man den Lebensraum Mývatn betrachtet. Dreht sich das Leben nicht schlicht darum, sich zu vermehren und seine Art zu erhalten? Als am Abendbrottisch in der Station einmal eine hitzige Diskussion über das Thema entstand, waren sich die Biologen uneinig. Das Ziel eines Lebewesens ist einzig und allein, sein Erbgut weiterzugeben!, sagte einer von ihnen. Den Sinn des Lebens als Ganzes gibt es vielleicht gar nicht, meinte ein anderer. Das Leben IST einfach! Ein Lebewesen tut nichts im Namen seiner Art, sondern nur im Namen seiner selbst und seiner Gene!

Eine Mücke unter dem Mikroskop

So wie der Pfarrer bin auch ich neugierig, diese zarten, geflügelten Quälgeister unter dem Mikroskop anzuschauen. Als ich meinen Wunsch in der Station äußere, bekomme ich zwei Plastikbecher mit Deckeln ausgehändigt, mit der Anweisung, nach draußen zu gehen und eine Kriebelmücke und eine Zuckmücke mitzubringen, und zwar am besten die größte Toppfluga, die ich an der Hauswand finden kann. Die Raubmücken lassen nicht lange auf sich warten, während ich nach der Toppfluga Ausschau halte. Sie mochten mein Blut schon immer gern. Als ich mit einer üppigen Auswahl an Mücken wieder hereinkomme, werden sie ohne Umschweife in Spiritus gelegt und in ewigen Schlaf versetzt.

Ich setze mich ans Mikroskop und schiebe das durchsichtige Glastellerchen an seinen Platz, oder die Petrischale, wie sie unter Wissenschaftlern genannt wird. Darauf liegt ein frisch gefangenes Exemplar der Großen Toppfluga. Ich brauche eine Weile, um den Fokus einzustellen; indem ich an dem Rädchen an der Seite drehe, erreiche ich verschiedene Vergrößerungsstadien. Als die Linse endlich richtig eingestellt ist, nehme ich die Mücke ins Visier. Ich sehe einen Sternenhimmel (das kommt von den Luftblasen im Spiritus), und in der Mitte schwebt ein wunderschönes, kompliziertes Wesen, vor allem die Flügel, die gedoppelt wirken und gleich einem venezianischen Schmuckstück ein Kunstwerk aus filigran gewobenem Drahtgeflecht sind. Die sechs Beine sind mit kleinen Härchen bedeckt. Was diese Mücke im Vergleich zu anderen so besonders macht, sind die Quasten, auf die sich der isländische Name Toppfluga bezieht. Sie sehen aus wie Flaschenbürsten, sind aber eigentlich übergroße Antennen, die direkt über den Augen aus der Stirn ragen. Diese Flaschenbürsten benutzt die männliche Mücke, um auf die weibliche Mücke zu lauschen, denn der Mückenmann sucht sich seine Frau nach akustischen, nicht nach optischen Maßstäben aus. Sind dies womöglich die einzigen männlichen Wesen auf der Welt, die einem weiblichen Wesen richtig zuhören?

Ich schaue auf und denke über diese Tatsache nach, die meinen Respekt vor der Mücke erheblich gesteigert hat. Blicke dann wieder durchs Mikroskop und drehe die Mücke mit einer kleinen Nadel auf die Seite. Puh, das ist ein bisschen gruselig! Wenn sie sich bewegt, wirkt sie sehr groß, sehr lebendig und unangenehm nah! Sie sieht mir im Mikroskop in die Augen und wirkt viel größer als ich. Langsam streckt sie ihre sechs Beine aus, als wollte sie mich sechsfach umarmen. Brrrr, ich erschauere und halte die Luft an – das ist realistischer als ein Horrorfilm in 3-D. Für einen kurzen Moment muss ich den Blick von dieser riesigen Toppfluga abwenden, auf die Petrischale schauen und mich davon überzeugen, dass da nur eine winzige tote Mücke in einem Spiritusbad liegt. Erst dann kann ich wieder durchs Mikroskop schauen, die Mücke noch ein Stückchen vergrößern und weiter bewundern.

Vier Hinterbeine ragen auf derselben Höhe aus dem Körper, nur das vorderste Beinpaar befindet sich ein bisschen weiter vorn. Die vorderen Beine sind mit hübschen Haarbüscheln bedeckt, die im Grunde eine kleine Wetterstation sind, von der man annimmt, dass die Mücke damit die Windstärke misst. Sie muss wissen, ob sie gefahrlos losfliegen kann, denn ihr ist klar, dass der Wind ein Feind ist, der sie wegzufegen vermag. Deshalb sitzt die männliche Toppfluga am Seeufer und wartet auf Windstille. Auf Windstille und auf die Weibchen. Bei dieser Mücke handelt es sich um ein Männchen, gut ausgestattet mit einem speziellen Windmesser und einer Abhörausrüstung zum Belauschen der Weibchen, die in seiner Welt das Allerwichtigste sind.

Die Zuckmücke

Wenn es endlich windstill ist, sieht man die Mückenschwärme wie grauschwarze Säulen oder Rauchschwaden am Seeufer in den Himmel steigen – ein einzigartiges Naturschauspiel. Die männlichen Mücken haben entschieden, dass es nun so weit ist, sie sammeln sich und tanzen in der Luft. Dieses Phänomen bezeichnet man als Tanzschwarm. Ein solches Verhalten, bei dem die Männchen sich zusammentun und tanzen (oder etwas anderes Auffälliges tun), während die Weibchen das Ganze aus gebührendem Abstand verfolgen, kann man bei verschiedenen Hühnervögeln und Watvögeln beobachten, beispielsweise beim Kampfläufer, ebenso wie bei Fischen und Fledermäusen, und selbst die Meerechsen auf den Galápagos-Inseln verhalten sich ähnlich.

Bei den Zuckmücken suchen die Weibchen sich Männchen, die gut fliegen können und noch zusätzliche Energie zum Tanzen haben. Tanzen hat ja auch etwas Anziehendes … Die Weibchen steigen ein wenig später als die Männchen vom Wasser auf, werden von den Schwärmen angelockt und fliegen summend hinein. Es ist dieses weibliche Summen, auf das die Männchen lauschen, ihre eindrucksvollen Flaschenbürsten sind speziell dafür gemacht, den verführerischen Summton der weiblichen Mücken zu hören. Jetzt geht es darum, sich die Mädels zu schnappen, sobald sie in den Schwarm fliegen. Ob daher der Ausdruck »für jemanden schwärmen« kommt?

Am Mývatn gibt es etwa vierzig Zuckmückenarten, die sich nicht untereinander vermischen. In jedem Schwarm fliegt nur eine Art. Die Schleiermücke ist mit Abstand am häufigsten und bildet über dem Boden eine Art Schleier; die Schwärme legen sich wie Nebel auf die Uferstreifen. Die Mücken vollführen ihre Flugübungen an bestimmten Landmarken, sammeln sich dort, wo die Landschaft sich farblich oder strukturell von der Umgebung abhebt. Das können Straßenränder, Blumen, bunte Flechten, Zaunpfosten oder Baumwipfel sein. Die Mücken können auch beschließen, dass die Landmarke ein zufällig vorbeikommender Mensch ist. So passiert es einem manchmal, dass man einen tausendköpfigen Mückenschwarm über dem Kopf hat. Und wenn man den Mücken etwas vorsingt, am besten mit inbrünstiger, brummender Stimme, werden sie ganz verzückt und schwirren noch eifriger auf einen zu.

Zuckmücke

Nachdem sich das Weibchen gepaart hat, fliegt es zum See und legt die Eier ab. Es fliegt knapp über der Wasseroberfläche ziemlich weit auf den See hinaus, lässt die Beine über den Wasserspiegel gleiten und wirft eine Schnur von Eiern ab. Die Eier befinden sich in einer Gallerthülle, die bei der Eiablage trocken ist, doch sobald sie mit dem Wasser in Berührung kommt, saugt sie es auf, quillt wie ein nasser Wattebausch auf und sinkt auf den Grund. Nach nicht allzu langer Zeit schlüpfen winzige Larven aus den Eiern und fressen zunächst die Verpflegung von Mama, die Gallerthülle. In den ersten Tagen schwimmen sie durch den See, auf der Suche nach einem geeigneten Aufenthaltsort. Sie bevorzugen den schlammigen Boden, auf dem es viele organische Stoffe zum Fressen gibt. Sie leben vom Schlamm – fressen die Schlammoberfläche. Einige Arten sitzen auf Steinen oder Wasserpflanzen und spinnen sich kleine Behausungen. Andere benutzen Seide, um sich aus Schlammstückchen Häuser zu spinnen, bohren kleine Röhren in den Schlamm, in denen sie sich aufhalten. Sie bewegen sich schlängelnd, um das Wasser in Bewegung zu bringen und Sauerstoff zu bekommen. Viele dieser Arten vertragen auch sauerstoffarme Umgebungen. Sie haben Hämoglobin im Blut und sind rot. Sie können leben und gedeihen, selbst wenn Sauerstoff Mangelware ist. Es gibt auch Zuckmückenlarven, die als Räuber leben, sich wendig und schnell bewegen und andere Mückenlarven jagen.

Diese winzigen Lebewesen sind zahlreichen Gefahren ausgesetzt. Forellen und Enten schaufeln sie massenweise in sich hinein, solange sie im Larvenstadium sind. Später, wenn sie zu Mücken geworden sind, werden sie von einer großen Zahl von Vögeln begehrt. Doch noch vieles andere kann für die Mücke den Tod bedeuten: Hunger, Kälte, Wärme, Wind und Regen, ganz zu schweigen von Autos und Staubsaugern.

Es ist kein Zufall, dass der Mývatn und die Laxá solche Vogelparadiese sind, denn hier hängt alles zusammen. Die Mücken bilden die Grundlage für die reiche Vogelpopulation und für die Forellen im Mývatn und in der Laxá. Alle sind verrückt nach Zuckmücken. Fische und Vögel fressen die Larven auf dem Seegrund, und wenn die Mücken aufsteigen, gibt es für alle ein großes Festmahl. Erwachsene Vögel versammeln sich mit ihren Jungen auf dem See und schnappen sich die Mücken, entweder an der Wasseroberfläche oder wenn sie an Land kommen. An Land sind die Mücken bei Spinnen heiß begehrt, und sämtliche Watvögel, Regenbrachvogel, Goldregenpfeifer und Uferschnepfe, alle außer dem Alpenschneehuhn, kommen zum Fressen ans Seeufer. Dort gibt es das ultimative Festessen!

Zuckmücken-Schwarm

Die Abschreckungskraft der Mücken

Doch nicht alle sind derart begeistert von den Mücken. Wenn ich an einem schönen Sommertag aus dem Fenster schaue, bietet sich mir ein typischer Anblick: Dort, wo die Straße am lieblich blauen, glatten See vorbeiführt, hält ein Auto. Ein Paar steigt aus und begibt sich hinunter zum Ufer, um den Eistaucher, das Spatelentenpärchen, die niedliche Kükenschar zu bewundern, oder womit auch immer der See in diesem Moment aufwartet. Es dauerte nicht lange, bis die Frau beginnt (ja, es ist meistens die Frau, die zuerst kapituliert), mit den Händen um ihren Kopf zu wedeln, dann läuft sie mit fuchtelnden Armen im Kreis und stürzt schließlich zum Auto, wirft sich hinein und knallt die Tür hinter sich zu. Der Mann bleibt etwas länger, schlägt dann auch mit den Händen und folgt der Frau hektisch in den Wagen. Die Tür knallt zu. Das Auto rast los. Die Naturbeobachtung ist beendet, und die einzige Erinnerung, die diese Leute mit nach Hause nehmen, sind tote Mückenleichen auf dem Nummernschild. Es ist unwahrscheinlich, dass sie noch einmal zum Mývatn kommen, und bestimmt erzählen sie, dass man es dort vor lauter Mücken nicht aushält.

Angler und Vogelkundler haben eine Lösung dafür gefunden und lassen sich von den Mücken nicht von ihren Hobbies abhalten. Sie stülpen sich Mückennetze über den Kopf, ziehen die Socken über die Hosenbeine und achten darauf, keine nackte Haut zwischen Hosenbund und Oberteil aufblitzen zu lassen. Und die Einheimischen? Manche sieht man so gut wie nie mit Raubtierschutz, das wäre zu erniedrigend. Sie ignorieren die Mücken einfach und gehen unbeirrt ihrer Tätigkeit nach. Und die Hausfrauen saugen stoisch die Fensterbänke, sobald sie sich wieder gefüllt haben.

Es kursiert allerdings eine Geschichte über Jón í Belg, einen bekannten Fischer vom Hof Vindbelgur. Als er einmal draußen auf dem See nach den Netzen schaute, wurde er mit einem Mückennetz gesehen, doch als man ihn darauf ansprach, meinte er, er habe es nur getragen, damit seine falschen Zähne nicht in den See fallen! Als ich mich bei einem Bauern nach dieser Geschichte erkundigte, erntete ich großes Gelächter. Der Bauer hatte sich die Geschichte zusammen mit einem Freund zum Spaß ausgedacht und fand es sehr witzig, sie Jahre später aus einer ganz anderen Richtung zu hören. Ja, die Geschichten! Wie die um den See reisen und sich auf dieser Reise weiterentwickeln und ausgestalten, das wäre ein ganz eigenes Forschungsgebiet. Um das also ein für alle Mal richtigzustellen: Jón í Belg trug selbstverständlich nie ein Mückennetz!

Eine Saga aus grauer Vorzeit

Die älteste schriftliche Quelle über Kriebelmücken am Mývatn findet sich vermutlich in der *Saga von Víga-Skúta und den Leuten aus dem Reykjadalur*. Diese bemerkenswerte Isländersaga wurde im 14. Jahrhundert geschrieben und schildert Ereignisse, die sich kurz vor dem Jahr 1000 zutrugen. Ein Mann namens Grímur trifft den Gesetzessprecher Þorgeir Ljósvetningagoði, um ihn in einer Sache um Unterstützung zu bitten. Þorgeir war der Mann, der auf dem Althing eine Lösung für die Konflikte zwischen Heidentum und Christentum fand: Island wurde offiziell christlich, im stillen Kämmerlein durften die alten Götter aber weiterhin angebetet werden. Damit verhinderte er einen Bürgerkrieg und soll später aus Dankbarkeit seine Götzenbilder in den Wasserfall Goðafoss geworfen haben. Þorgeir erklärt sich bereit, Grímur zu helfen, unter der Bedingung, dass der für ihn zum Mývatn reiten und einen Bauern namens Skúta töten soll. Grímur soll Skúta aufsuchen, ihn um Unterkunft bitten und ihn dann bei einer günstigen Gelegenheit angreifen. Skúta nimmt Grímur freundlich in Empfang, lädt ihn ein, den Winter bei ihm zu verbringen, und behandelt ihn gut. Grímur genießt den Aufenthalt und versucht nie, Skúta etwas anzutun. Im Frühling rudern sie gemeinsam auf den See, um Netze zu kontrollieren. Während der Fahrt löst sich Skútas Schnürriemen, und als er sich bückt, um ihn zuzubinden, schlägt Grímur mit einer Axt nach ihm. Doch Skúta trägt eine Kutte und darunter einen Brustpanzer. Die Axt bleibt in der Kutte stecken und verletzt ihn nicht. Daraufhin packt er Grímur und will wissen, was dieser Angriff zu bedeuten habe, warum er ihn hintergehen wolle. Grímur erklärt die Sache und bittet Skúta um Gnade, doch der will nichts davon hören:

> *Es wird erzählt, dass Skúta Grímur dann auf eine kleine Insel im Mývatn brachte, und Grímur war splitternackt. Auf der Insel band Skúta ihn an einen Pfahl und sagte, dass er dort eine Weile bleiben müsse, falls Þorgeir ihn nicht retten würde. Nun fährt Skúta nach Hause und schickt Þorgeir eine Nachricht. Þorgeir fragte, ob sie den Mann nicht erlösen wollten, doch sie sagten, es sei ihnen gleichgültig, wo er sich befinde, sie würden ihm nicht helfen, und so ließ Grímur sein Leben auf der Insel, gequält von Hunger und Mückenstichen, weil er keine Kleider trug.*

Das ist wirklich eine schreckliche Geschichte. An windstillen, ruhigen Abenden geht sie mir manchmal durch den Kopf, wenn das Zwitschern der Vögel und das Blöken der Schafe von weither über den See getragen wird. Dann muss ich an den armen Grímur auf der kleinen Insel denken, höre sein Wehklagen, während er an Hunger und Mückenstichen krepiert. Ob es auf Dritey war, wo Grímur seinem Schicksal erlag, des Schwimmens nicht fähig, splitternackt und zerstochen? Was für grausame Zeiten! Aber war er nicht selbst schuld? Er war ein hinterhältiger Meuchelmörder und hatte Böses im Sinn, wollte Skúta ermorden. Und man stelle sich einmal vor, dass Skúta, der Namensgeber von Skútustaðir, sich gezwungen sah, einen Brustpanzer unter seiner Kutte zu tragen, wenn er mit seinem Knecht zum Fischen hinausfuhr. Man konnte niemandem trauen, in der Sagazeit mussten die Leute stets auf alles gefasst und zum Kampf bereit sein.

Aber vielleicht hatte der Verfasser der Saga auch Sinn für Humor. Meuchelmörder heißen auf Isländisch nämlich Fliegen- oder Mückenmänner, und die spielen eine große Rolle in dieser Geschichte, die ausgerechnet am Mückensee spielt. Und zu allem Überfluss trägt Skútas Axt den Namen Fliege!

Die Kriebelmücke

Unter dem Mikroskop sieht die Kriebelmücke ganz anders aus als die elegante, schöne Zuckmücke. Sie ist gedrungen, hat einen Buckel, kurze Flügel und kleine Beinchen und erinnert ein wenig an einen Vampir in Einsatzbereitschaft! Ihre Fühler sind winzig, dafür ist sie mit speziellen Mundwerkzeugen zum Blutsaugen ausgerüstet. Denn das ist es, worum sich das Leben der Kriebelmücke dreht.

Die Kriebelmücken am Mývatn machen keinen Unterschied zwischen Einheimischen und Zugezogenen. Wer hier geboren wurde, besitzt nicht das Privileg, in Ruhe gelassen zu werden, sondern wird genauso gestochen wie jeder andere. Wobei manche Leute seltener gestochen werden, aber dafür hat niemand eine Erklärung. Eins weiß ich allerdings sicher: Die Raubmücken sind sehr darauf erpicht, sich einen Schluck von meinem süßen, flüssigen A+ zu genehmigen, genau wie alle anderen Stechmücken auf dieser Welt.

Wie sticht die Kriebelmücke? Wer Moskitos kennt, weiß, dass sie durch die Kleidung stechen können, weil sie ihren Rüssel wie eine Nadel in die Haut rammen. Die Kriebelmücke hat hingegen keinen Rüssel, sondern schneidet ein Loch in die Haut. Kriebelmücken können nicht durch Stoff stechen und kriechen stattdessen unter die Kleidung, in Ärmel und Hosenbeine und Kragen, um an die nackte Haut zu gelangen. Sie werden vom Kohlendioxid angezogen, das die Leute ausatmen, und kommen ihnen dadurch auf die Spur.

Der Lebenslauf der Kriebelmücke

Betrachten wir dieses kleine Tierchen etwas genauer. Die Kriebelmücke (*Simulium vittatum*) ist wie die Spatelente und der Eistaucher amerikanischer Herkunft. Stechmücken dieser Art gibt es auf der ganzen Welt, doch unsere hiesige Kriebelmücke findet man außer auf den Färöer Inseln und in Island nirgendwo sonst in Europa. Man könnte also sagen, es sind amerikanische Kulturtage, wenn die Kriebelmücke kommt. Kriebelmücken findet man in Island in fast allen Fließgewässern, überwiegend dort, wo Flüsse aus Binnenseen fließen. Der Binnensee produziert Nahrung, die für die Kriebelmücke wichtig ist.

Die Kriebelmückenlarve könnte eine Figur in einem Märchen sein. Sie ist winzig und spinnt auf dem Grund eine kleine Seidenmatte, an der sie sich mit den Krallen an ihrem Hinterteil festhält. Sie ist vorausschauend und geht kein Risiko ein, denn der stabile Seidenfaden, den sie spinnt, hält sie an der Stelle und fungiert als Halteseil, falls sie bei reißender Strömung abtreibt. Schlimmstenfalls treibt sie ein Stück mit dem Strom, gelangt aber dank ihres Halteseils immer wieder zurück. Für die Larve ist es schwierig, in starker Strömung zu leben, aber es hat den Vorteil, dass die Nahrung zu ihr kommt. Algen und andere Leckerbissen werden von der Strömung herangetragen. Je schneller die Strömung, desto mehr Nahrung!

Um die Nahrung zu erhaschen, hat die Kriebelmückenlarve zwei kleine Kescher auf dem Kopf. Die hält sie in die Strömung und sammelt damit Nahrungspartikel. Regelmäßig zieht sie die Kescher ein und leckt die Nahrung ab. So ernährt sie sich und wächst und gedeiht sehr schnell. Den Winter über wartet sie ab, doch im Frühling, wenn sich die Kleinstalgen im Mývatn flussabwärts bewegen, hat sie einen Wachstumsschub. Ist der Fluss warm genug geworden und die Larve ausgewachsen, ist sie bereit, sich zu verpuppen. Die kleine Larve möchte erwachsen werden und kommt in eine Art Mücken-Pubertät. Um sie herum bildet sich eine Hülle aus Chitin, die Larve verwandelt sich, und ihr wachsen Flügel. Sie spinnt einen kleinen Kokon aus Seide, in dem sie während des Puppenstadiums sitzt. Dieses Stadium dauert nur ein paar Wochen, dann reißt sie die Puppenhülle auf und schießt heraus. Nun ist sie zu einer perfekten Mücke herangereift, die in einer Luftblase an die Oberfläche schwimmt und unverzüglich vom Wasser hochfliegt.

Die männlichen Mücken kommen als Erste aus dem Fluss, denn sie müssen bereit sein, wenn die weiblichen Mücken eintreffen. Die Männchen verteilen sich in Schwärmen am Flussufer und warten. Bekanntermaßen besitzen Insekten Facettenaugen, zusammengesetzt aus unzähligen winzigen Augen, und bei der männlichen Mücke ist es genauso. Sie hat sogar übergroße Augen.

Erinnern Sie sich an unseren Zuckmückenmann, der übergroße Ohren hatte, um die Weibchen zu belauschen? Der Kriebelmückenmann lauscht nicht, sondern verlässt sich auf sein Sehvermögen, um ein Weibchen zu finden. Er kann besser sehen als hören. Zwei unterschiedliche Methoden, um die einzig Wahre zu finden. Die Evolution hat der Zuckmücke riesige Antennen und der Kriebelmücke überdimensionale Augen beschert.

Nachdem sich die Geschlechter getroffen und gepaart haben, begeben sich die Weibchen wieder zum Fluss, um ihre Eier abzulegen. Sie fliegen flussaufwärts, manchmal viele Kilometer, um zum besten Gelege zu gelangen, das sich unmittelbar am Abfluss aus dem See befindet. An windstillen Sommerabenden kann man sehen, wie sich ein stetiger Strom von Mücken, manchmal in dichten Nebelschwaden, flussaufwärts schlängelt, und ihre Flügel schimmern in der Abendsonne.

Kriebelmückenlarven

Doch was geschieht mit unserer kleinen Heldin, nachdem sie die Eier abgelegt hat? Sie verwandelt sich in ein blutrünstiges Raubtier, ungefähr so wie ein Mensch in einem Dracula-Roman. Die Mücken können nämlich noch einmal Eier ablegen, aber nur wenn sie Blut bekommen. Blut! Danach verlangt es ihnen. Sie fliegen durch den gesamten Bezirk, entfernen sich weit vom Fluss, sodass man nirgendwo mehr vor ihnen sicher ist. Tiere nehmen Reißaus, Pferde fliehen auf Hügel oder in Unterstände, Schafe in Höhlen und Lavaspalten, Touristen in ihre Autos und Einheimische in ihre Häuser. Keiner entkommt den Mücken, wenn köstliches Blut zu holen ist. Gesättigt nach einem geglückten Stich, fliegen die Raubmücken zurück zum Fluss, um noch einmal Eier abzulegen. Warum begnügen sie sich nicht mit dem ersten Mal? Dann würden wir nicht gestochen. Doch die Natur lässt solche Argumente nicht gelten: Alle Tiere, alle Lebewesen haben sich so entwickelt, dass sie, über einen längeren Zeitraum betrachtet, unter den jeweiligen Umständen über die größtmögliche Fruchtbarkeit verfügen. Die Evolution hat die Kriebelmücke auf diese blutige Spur geführt.

Jedes Jahr bilden Kriebelmücken zweimal Tanzschwärme. Am Mývatn beginnt die erste Tanzschwarm-Periode meist um den 10. Juni. Sie hält bis in den Juli an, dann tritt eine Pause ein, während eine neue Generation im Fluss heranwächst. Die zweite Generation kommt im August und fliegt bis weit in den Herbst hinein, sogar bis in den Oktober. Die Nachkommen der zweiten Generation überwintern bis zum nächsten Frühjahr im Fluss. Die Nachkommen der ersten Generation sind im Juli im Larvenstadium und leben nur wenige Wochen am Fluss.

Mücken haben gute und schlechte Seiten. Die Kriebelmücke mag in unseren Augen ein Schädling sein, doch für viele andere ist sie ein Leckerbissen. Spatelenten und Forellen und vor allem Kragenenten würden ohne Kriebelmücken kaum überleben.

Und Zuckmücken wollen uns ohnehin nichts Böses, sie gehen nur ihren eigenen Interessen nach, lauschen auf das Summen der Weibchen. Sie begleiten uns zwar gern auf Spaziergängen, wenn wir ihnen etwas vorsingen, kämen aber nie auf die Idee, uns zu stechen. Trotzdem sind Zuckmücken vielen Leuten lästig, wahrscheinlich wegen ihrer großen Menge. Nicht jeder möchte mit einer Säule von Mücken über dem Kopf eine Wanderung unternehmen. Kriebelmücken wollen uns wahrscheinlich auch nichts Böses, aber wir sind für sie nun einmal eine wichtige Nahrungsquelle. Am besten hält man es wie die Einheimischen, die die Mücken tolerieren, weil sie wissen, dass sie die Grundlage dieses reichen und vielfältigen Lebensraums sind.

Zuckmückenlarven

Höhlenbewohner

Kommst du mit, Höhlensaiblinge fangen?, fragt mich die elfjährige Hildur. Hätte ich sie nicht beim Wort genommen, hätte ich eine der schönsten und ungewöhnlichsten Angeltouren verpasst, die ich je unternommen habe. Dabei kann ich damit prahlen, in der Südsee Tintenfische geangelt, auf den Kanarischen Inseln Muränen gefangen und auf den geheimnisvollen Trauminseln von Galápagos nach Langusten getaucht zu haben. Hildur, eine kuriose Mischung aus Naturkind und Weltbürgerin, war einige Sommer am Mývatn der Babysitter meiner Tochter. Sie war noch nie über die Grenzen ihrer Heimat hinausgekommen, aber Internet und Fernsehen brachten die große, weite Welt zu ihr. Obwohl *Friends* und Facebook verlockend waren, verbrachte sie gern Zeit in der Natur und kannte die Namen aller Vögel, Kräuter und Berge in der Umgebung.

Das Haus ihrer Eltern steht auf einer Anhöhe am Ufer des Mývatn. Davor erstreckt sich der See mit seinen Inseln, Landzungen und steilen Ufern, und dahinter liegen die geheimnisvollen Lavafelder. Die Berge bilden um alles einen Kreis, wie gut positionierte Wachposten. Einer von ihnen ist der Belgjarfjall, der fast in Hildurs Garten wie eine Pyramide aufragt. Von dort oben hat man freien Blick auf eine Landschaft, die mit zu den schönsten der Welt zählt, besonders an Tagen, wenn alle Variationen der blauen Farbpalette aufeinandertreffen, am Himmel, auf dem See und auf den Bergen in der Ferne.

Es war ein solch blauer Tag, Sommer und Sonne. Die Mücken waren ganz in ihrem Element, aber echte Einheimische lassen sich davon nicht beeindrucken, und die Tochter des Hauses stülpte uns Mückennetze über, holte Kescher und Eimer. Wir machten uns auf den Weg, ein Kind, ein Mädchen und eine Frau, gingen Hand in Hand und spazierten gemächlich voran. Am Anfang folgten uns noch zwei aufdringliche Flaschenlämmer, unersättlich und blökend, doch nachdem wir unter einem Zaun hindurchgekrochen waren, konnten wir sie auf dem Lavafeld abhängen. Unterwegs deutete Hildur auf ein gut verstecktes Rotdrosselnest, das sich im Unterholz nur erahnen ließ. Wir folgten ausgetretenen Schafpfaden, vorbei an schmalen Spalten und Zacken aus Lava, Felsformationen, Erdbuckeln, Gestrüpp und binsenumstandenen Teichen. Hildur zeigte uns in einer Felsburg sogar eine Elfenkirche.

Ja, es handelt sich nicht um gewöhnliche Höhlen! Sie sind mit Röhren verbunden, die sich kurz nach der Eruption in der Lava gebildet haben. In diesen Röhren wachsen Pflanzen, flachwüchsige Sträucher, Heidekraut, Farn und bunte Blumen, von der Natur kunstvoll arrangiert. In den Senken am Boden befindet sich klares Wasser, und darin leben die Höhlensaiblinge, die wir an diesem Tag fangen wollten. Hildur steuerte auf ihre Lieblingshöhle zu. Eine breite Lavabrücke führte darüber, und man konnte von beiden Seiten in die Senke hinabsteigen. Als wir dem Schafpfad über die Brücke folgten, fiel mir das norwegische Märchen von den drei Ziegen ein, die den gefährlichen, hungrigen Troll unter der Brücke überlisten. Doch kein Troll ließ sich blicken, die Hütehunde liefen uns unbeeindruckt hinterher, und wir kletterten in die Senke zu dem See, rückten unsere Mückennetze zurecht und begannen zu fischen.

Damals wusste ich noch nicht, was ich heute weiß, dass wir uns an einem der Reagenzgläser des Schöpfers befanden. Die Mývatn-Region ist nämlich von innen relativ hohl und birgt unterirdische Forellenseen. Der Saibling im Mývatn lebt unter harten Bedingungen, aber seine kleine Schwester, eine Unterart namens Höhlensaibling, führt in den zahlreichen Grotten rund um den See ein gutes Leben. Und nicht nur das, in jeder Grotte oder jeder Röhre mit mehreren Grotten lebt eine spezielle Höhlensaiblingart! Allein diese Tatsache ist so abenteuerlich, dass es nichts ausmacht, dass kein Troll unter der Steinbrücke lauert und schon lange keine Elfen mehr in der Elfenkirche gesichtet wurden.

An diesem Tag waren wir mit den Gedanken voll und ganz bei den Höhlen und deren Bewohnern! Ich frage mich, wie diese kleingewachsenen Saiblinge in die Lavagrotten gelangt sind. Ist der Höhlensaibling ein normaler Saibling, der in seiner Jugend dort eingeschlossen wurde und aus Platzmangel, Kälte und geringem Nahrungsangebot nicht größer werden konnte? Oder handelt es sich um eine Unterart des Saiblings, die entweder von einem anderen Ort stammt und schon voll entwickelt hierher kam, oder aber sich hier aus einem Saibling im Mývatn weiterentwickelt hat?

Höhlensaibling

Wie kam der Saibling in die Höhle?

Führen wir uns noch einmal vor Augen, wie der Mývatn und seine Umgebung entstanden sind. Erinnern wir uns an den Vulkanausbruch vor cirka 2000 Jahren, der den Mývatn umgestaltete. Die Lava floss über den alten See und das umliegende Land, ergoss sich über alles, veränderte die Landschaft und wälzte sich dann durch das Laxárdalur. In dieser Lava bildeten sich viele hundert mit Wasser gefüllte Höhlen, zusätzlich zu allem anderen: den Pseudokratern, den steilen Felsen und Lavarinnen und dem Mývatn. Aber wie kamen die Fische in die Höhlen? Denkbar wäre ein direkter Zugang zwischen den Höhlen und dem Mývatn kurz nach der Eruption. Als sich die Saiblingpopulation in dem neuen See entwickelte, gab es vielleicht mehr Verbindungswege als heute. In dieser Population gab es Fischbrut oder vielleicht auch Fische, die früh geschlechtsreif wurden und nicht mehr wuchsen. Diese Fische könnten sich einen Weg in das Lavafeld gebahnt haben und in den Grotten eingeschlossen worden sein.

Heute weiß man, dass die Höhlensaiblinge sich zwischen benachbarten Grotten bewegen, aber keine weiten Strecken zurücklegen. Die Fische wurden entweder in den Grotten isoliert, weil der Wasserstand seit deren Entstehung gesunken ist, oder weil sich auf dem Grund Erdboden aufgebaut und die Verbindungswege blockiert hat.

Man hat herausgefunden, dass sich die Fischpopulationen in den Höhlen unabhängig voneinander entwickeln, aber die Abweichungen sind minimal und manchmal nur durch Messungen feststellbar. Dennoch gibt es von Höhle zu Höhle deutliche Unterschiede im Körperbau, genau wie bei den Riesenschildkröten auf den Galápagos-Inseln, die sich unterschiedlich entwickeln, weil sie in ihren Lebensräumen in erkalteten Vulkankratern und auf Inseln auf unterschiedliche Nahrungsangebote stoßen. Manche Schildkröten leben von Strauchblättern, und ihre Beine und Hälse sind länger geworden, sodass sie sich zu den Blättern hinaufrecken können, während andere an Orten mit ausreichend erdnaher Vegetation leben und deshalb kürzere Hälse und Beine haben. Ein weiteres berühmtes Beispiel sind die Galápagos-Finken, die angeblich zur Begründung von Darwins Evolutionstheorie beitrugen, die er 1859 nach seiner großen Fahrt mit der HMS Beagle über die Weltmeere aufstellte.

Was ist ein Höhlensaibling?

Doch wir Mädels hielten Ausschau nach quirligen Höhlensaiblingen, denen Schildkröten und deren Entwicklung völlig egal waren. Hinter meinem Mückennetz kniff ich die Augen zusammen und starrte in das Wasser der Grotte. Wie sieht so ein Fisch eigentlich aus?

»Der Höhlensaibling ist klein gewachsen, mal gedrungen, manchmal auch schlank. Er hat einen großen Kopf und riesige Augen, eine gerundete Schnauze und ein etwas vorstehendes Maul. Er ist dunkel, die Brustflossen orange und weiß verziert. Zudem mit Tupfen und Markierungen gezeichnet. Der Höhlensaibling ist mutig und neugierig und frisst alles, was ihm vors Maul schwimmt.«

Man könnte meinen, es handele sich um eine Personenbeschreibung aus den Isländersagas, aber so sieht der Höhlensaibling in den Augen von Bjarni Kristófers aus, der gemeinsam mit anderen Biologen der Universität Hólar Höhlensaiblinge und deren unterschiedliche Erscheinungsformen erforscht hat. Die

Wissenschaftler vergleichen Fische aus ungefähr dreißig Grotten – im Grunde ein geschickt angelegtes Forschungslabor mit natürlichen Reagenzgläsern. Darin kann man alles registrieren, die Fische messen und ihren Lebenslauf verfolgen, sowohl gegenwärtig als auch über mehrere Generationen hinweg. Man kann leicht feststellen, was sie fressen, welche Nahrung durch den Höhleneingang zu ihnen dringt und wie viele Kleinstlebewesen sich im Wasser befinden.

Aber wir sind ja auf Angeltour! Da standen wir nun, unsere kleine Angeltruppe, die Augen gebannt auf die Wasseroberfläche geheftet, leicht benommen vom Summen der Mücken. Ich fragte das Kindermädchen vorsichtig, ob es nicht sinnvoller gewesen wäre, wenn wir eine Angel mit Schwimmer mitgenommen hätten und als Köder vielleicht Brotkrumen oder Krabben. Doch sie entgegnete prompt, sie sei zu gutherzig, sie bringe es einfach nicht übers Herz, Höhlensaiblinge mit der Angel herauszufischen und die Tiere dann verletzt wieder freizulassen. Da warte sie lieber ab und halte aufmerksam Ausschau. Ich schämte mich gegenüber dem Naturkind ein bisschen, was für ein gieriges Raubtier ich doch war, eine Angel benutzen zu wollen … Doch Hildur plapperte schon weiter, ihr sei zwar noch nie in den Sinn gekommen, Höhlensaibling zu probieren, aber vielleicht wäre es gar keine schlechte Idee, die Fische zu angeln und in Dosen zu stecken, wie Sardinen. Sie dann am Straßenrand an Touristen zu verkaufen, Höhlensaibling in der Dose, zum Preis von einer Cola! Die Mädchen lachten sich kaputt über diese Idee.

An jenem heißen Sommertag, an dem wir Höhlensaiblinge fingen, interessierte sich sonst niemand für die Fische. Sie waren nicht gekennzeichnet und nicht registriert, und wahrscheinlich hätte sie niemand vermisst, selbst wenn wir alles leer gefischt hätten. Doch das war genau der Punkt: Wir hatten keinen Erfolg. Gelegentlich sahen wir dunkle Schatten in der Größe kleiner Schokoriegel im hinteren Teil der Höhle umherhuschen. Wir hoben gespannt die Kescher und begaben uns in Habachtstellung. Die Schatten blitzten kurz in der Sonne auf und verschwanden dann genauso schnell wieder. Vielleicht war es den Tieren zu hell, vielleicht zu warm? Oder empfanden sie uns als Bedrohung? Einigen von uns fiel es schwer, leise zu sein, denn es war so aufregend, und zugleich langweilig, wenn nichts passierte. Ich fühlte mich ganz in meinem Element, mitten im Leben, auf Angeltour mit meinen Mädchen. Ob die Höhlensaiblinge sich auch so fühlten, mitten im Leben, während sie in ihrem Tümpel herumschwammen?

Wir wollten uns gerade auf den Heimweg machen, als Hildur ihren Kescher blitzschnell ins Wasser tauchte und eine Sekunde später ein kleines, dunkles, zappelndes Wesen durch die Luft schwenkte. Nachdem sie es vorsichtig in einen Eimer mit Wasser bugsiert hatte, zeigte sie uns das Farbenspiel des Höhlensaiblings, besonders das hübsch schimmernde Orange. Hildur erzählte, als kleines Kind sei sie manchmal mit ihren älteren Schwestern auf Fangtour gegangen. Da hätten sie die lebende Beute über Nacht mit nach Hause genommen, die Fische markiert und am nächsten Tag wieder freigelassen, damit sie beim nächsten Mal erkennen konnten, ob sie denselben Fisch zweimal gefangen hatten.

Die Ökologie ist die Bühne

Das Höhlensaibling-Team der Universität Hólar ist ambitionierter als Hildur und ihre Schwestern und versucht normalerweise, jeden einzelnen Höhlensaibling in jeder einzelnen Grotte zu fangen. Das sind in der Regel zwischen fünfzig und dreihundert Fische. In einer Höhle leben wahrscheinlich nur eine oder ganz wenige Familien, und sie sind von der gleichen genetischen Art.

Die Höhlensaiblinge werden zweimal pro Jahr gefangen, im Juni und August, drei Jahre in Folge. Bevor man sie wieder freilässt, werden sie gemessen und fotografiert. Auf diese Weise kann man sehen, wie stark sie gewachsen sind. Wenn ein Höhlensaibling schneller wächst als ein anderer, verbessern sich seine Chancen im Überlebenskampf.

Am Abendbrottisch in der Forschungsstation treffe ich einen der Wissenschaftler, die an der Erforschung der Höhlensaiblinge beteiligt sind, den Evolutionsökologen Skúli Skúlason, und wir tauschen Angelgeschichten und Überlegungen aus. Das mit den Höhlensaiblingen, ist das nicht ein Musterbeispiel für die Evolution? Ich habe von dieser Theorie gehört, dass die Natur in Island so neu und ungefestigt sei, so jung und formbar, dass die Evolution sich hier in jedwede Richtung entwickeln könne. Doch Skúli möchte nicht direkt von einer Theorie sprechen, es handele sich eher um ein Gedankenspiel. Man könne es vielleicht als Spielbühne der Evolution bezeichnen. Biologen betrachten gern das Zusammenspiel von Ökologie und Evolution. Dabei entsteht das Bild von der Ökologie als Theaterbühne, mit den Tieren oder Lebewesen als Schauspieler. Die Evolution wäre demnach die Handlung in dem Theaterstück.

Die Idee von der Ökologie als Theaterbühne klingt spannend und erscheint mir logisch. Die Zeit ist Geschichte, und die Entwicklung bezieht sich auf Geschichte. Die Höhlensaiblinge in den Grotten am Mývatn zeigen das deutlich. Wir leben in einem Land mit einer sehr dynamischen Natur. Die Geologie, die vulkanische Tätigkeit, die Kontinente, alles ist eine Bühne in Bewegung. Der Lebensraum der Höhlensaiblinge ist in der Lava entstanden, bei einem Vulkanausbruch, und dort befindet sich immer noch alles in Formung.

Eine Idee – eine Hypothese – eine Theorie … Die Wissenschaften müssen sich auf ihrem Weg vorantasten, auf der Suche nach der richtigen Schlussfolgerung – »sich auf den richtigen Weg verirren«, wie der Dichter Stefán Hörður Grímsson sagte. Eine Hypothese verlangt nach Experimenten oder Beobachtungen, die sie bestätigen oder widerlegen. Wenn genügend Experimente die Annahme bestätigen – oder es nicht vermögen, sie zu widerlegen –, wird sie in Wissenschaftskreisen zu einer Theorie.

Die Evolution ist die Handlung

Nach Darwins Evolutionstheorie stammen alle Lebewesen vom selben Stamm ab, haben sich aber durch natürliche Selektion zu unterschiedlichen Arten und Unterarten entwickelt. Die Evolutionstheorie gilt auch hundertsechzig Jahre nach ihrer Veröffentlichung noch in ihren Grundzügen und wurde durch unsere heutigen Kenntnisse der Genetik maßgeblich erweitert. Lebewesen vermehren sich meist, bis die Belastungsgrenze erreicht ist, was zu Überlebenskampf und natürlicher Auslese führt. Die Gene der Individuen, die sich am meisten vermehren, tendieren dazu, sich gegenüber anderen Genvarianten zu behaupten. So bildet sich mit der Zeit eine Gruppe von Lebewesen – die Art. Sie passt sich ihrer Umgebung an, sie entwickelt sich. Die Umgebung beeinflusst die genetischen Varianten, bremst die Entwicklung bei einigen und fördert sie bei anderen. Das ist die natürliche Selektion.

Inzwischen haben Wissenschaftler herausgefunden, dass die Entwicklung von Tierarten wesentlich schneller abläuft als zuvor angenommen. Eine Entwicklung kann innerhalb weniger Generationen stattfinden, wenn die natürliche Selektion stark genug ist. In der Forschung interessiert man sich sehr für die Untersuchungen der jungen isländischen Gewässersysteme, wo alles in Bewegung und dennoch gut erkennbar ist. Seit man festgestellt hat, dass die Evolution schnell vonstatten geht und nicht im Lauf von Millionen Jahren, wie man vorher glaubte, kann man sich daranmachen, diese Auffassung aufzugreifen und zu untermauern.

Hundertsechzig Jahre sind keine lange Zeit für eine große und wichtige Lehre und einen weitreichenden Gedankengang wie die Evolutionstheorie. Im Grunde begann man erst ab 1970, zu erforschen, wie die eigentlichen Selektionskräfte der Natur funktionieren. Das ist genau genommen ziemlich kurz, und noch immer kennt man den Ablauf nicht genau. Das Gesamtbild wird ständig ergänzt. Durch die Erforschung der Höhlensaiblinge möchte man verstehen, welche Umweltfaktoren bezüglich Lebensraum und Nahrung ein bestimmtes Aussehen oder Wachstum oder Verhalten fördern.

Bei der Erforschung der Höhlensaiblinge geht es also nicht nur um diese kleinen Fische und ihr Leben, sie kann uns auch einiges über die Entwicklungsgeschichte lehren und uns die Augen für andere, größere Zusammenhänge öffnen. Von den Höhlensaiblingen können wir lernen, wie biologische Vielfalt entsteht, und die Höhlen am Mývatn sind dafür eine Art Forschungsmodell. Solche Bedingungen, bei denen Pioniergeist herrscht, bei denen alles lebendig und in Bewegung ist, findet man nicht überall auf der Welt … sie beruhen auf der isolierten Insellage Islands. Auf Inseln haben Tiere ökologische Perspektiven, weil die Konkurrenz gering ist. In Island leben beispielsweise nur sechs Arten von Süßwasserfischen. Ihre Nahrungsgrundlage entsteht infolge der Isolation und der relativ kurzen Existenz ihres Lebensraums. Das bedeutet, diejenigen, die zuerst kommen, nutzen ihre Chance, so wie der Saibling.

Die Lebewesen sind die Schauspieler

Habe ich das richtig verstanden, dass alle Höhlensaiblinge dieselbe Entwicklung durchlaufen, aber je nach Höhle über besondere Eigenheiten verfügen? Was ist mit familiärer Variabilität und zufälligen Veränderungen des Genpools, der sogenannten Gendrift? Skúli bezeichnet das als typisch für die isländische Ökologie, es handele sich um Pionierarten, die in eine Umgebung kommen, die nach der Eiszeit oder kurz nach einem verheerenden Vulkanausbruch entstanden ist. So war Island, und so ist es noch heute. Als Beispiel lässt sich der Breiðamerkursandur in Südostisland anführen, der bis zu Beginn des 20. Jahrhunderts unter einem Gletscher lag. Heute erstreckt sich der Sandur über viele Quadratkilometer, und es wimmelt nur so von Fischen und Insekten und Gräsern. Dort ist die Landnahme im wahrsten Sinne des Wortes messbar. Bei solchen Bedingungen zahlt es sich für Lebewesen aus, wenn sie flexibel sind. Flexibilität ist die Voraussetzung, um mit diesen Umständen klarzukommen. Doch dann stabilisiert sich das System allmählich, auch weil Tiere und andere Lebewesen Einfluss darauf nehmen. Es entstehen Gemeinschaften, die die Ökosysteme widerstandsfähiger und eigenständiger machen. Dadurch können die natürliche Auslese und alle Umweltfaktoren beständiger werden und die Erbfaktoren der Lebewesen hervorheben.

Bei Pionierarten wie den Höhlensaiblingen lag die Vermutung nah, dass diese Fische äußerst flexibel sein müssen und dass sich jede Generation auf eigene Weise formt. Dies wurde durch die Forschungen bestätigt. Das Forschungsteam siedelte zum Beispiel Saiblinge aus den Höhlen in Aquarien an und fütterte sie – und sie wuchsen! Bei Saiblingen aus dem See Þingvallavatn geschah das hingegen nicht. Die Zwergsaiblinge in den Felsspalten am Þingvallavatn sind genetisch gefestigter. Sie haben ihre Flexibilität eingebüßt, während die Höhlensaiblinge am Mývatn noch anpassungsfähiger sind. Die Forscher vermuten, dass eine instabile Umgebung Flexibilität fördert. Zudem können zufällig auftretende Veränderungen in der Population, die Gendrift, Einfluss auf den Entwicklungsverlauf haben, weil die Populationen sehr klein sind, wie das Beispiel der Höhlensaiblinge zeigt.

Überlegungen zu Saiblingen und eiszeitlichen Flohkrebsen

Als wir Mädels nach unserer Angeltour über die Schafpfade zurück nach Hause wanderten, drei Personen auf der Bühne der Ökologie, überlegte ich, wie es den kleinen Saiblingen wohl im Winter ergeht, wenn in der gesamten Gegend tage- und wochenlang zwanzig Grad minus herrschen. Wenn der See zufriert und steif gefrorener Schnee ihn wie eine Eiskappe bedeckt – wie können die Höhlensaiblinge bei solchen Bedingungen in den Grotten überleben? Tatsächlich frieren die Höhlen nie zu, denn das Wasser darin ist Grundwasser, und die Temperatur von Grundwasser hält sich immer nahe der durchschnittlichen Jahrestemperatur. Die Saiblinge verbringen den Winter vermutlich in einer Art Winterstarre, harren aus und warten auf den Frühling.

Wenn wir über Grundwasser sprechen, möchte ich an Lebewesen erinnern, die erst kurz vor der letzten Jahrhundertwende entdeckt wurden und sich hierzulande in Quellen und anderem Grundwasser aufhalten. Sie sind die ältesten Tiere Islands, die sogar die Eiszeit überlebt und zweifellos Anspruch auf den Siegerpokal im Wettbewerb der natürlichen Auslese haben, falls es da draußen jemanden gibt, der ihn verleiht … Es handelt sich um Flohkrebse, eine Ordnung der kleinen Krebstiere. Es gibt zwei verschiedene Arten von kleinen vorzeitlichen Flohkrebsen, und eine davon findet man in den Quellen am Mývatn. Sie sind im isländischen Tierreich einzigartig. Der eiszeitliche Gletscher, der das Land bedeckte, tilgte sehr wahrscheinlich jegliche Fauna, und die Arten, die heute in Island existieren, kamen nach der Eiszeit hierher. Die Flohkrebse haben die gletscherbedeckte Eiszeit hingegen locker überlebt und sich über Millionen von Jahren entwickelt.

Vielleicht vertreiben sich die Saiblinge im Winter ja damit die Zeit, dass sie den vorzeitlichen Abenteuern der Eiszeitflohkrebse in den dunklen Tiefen des Grundwassers lauschen. Wir können nur hoffen, dass die kleinen Höhlensaiblinge auch weiterhin gut gedeihen, viele Winter und Sommer, um die Biodiversität zu erhalten und vielleicht ein paar Kinder zu erfreuen, die das Spielen in der Natur noch nicht verlernt haben.

Grundwasserflohkrebs

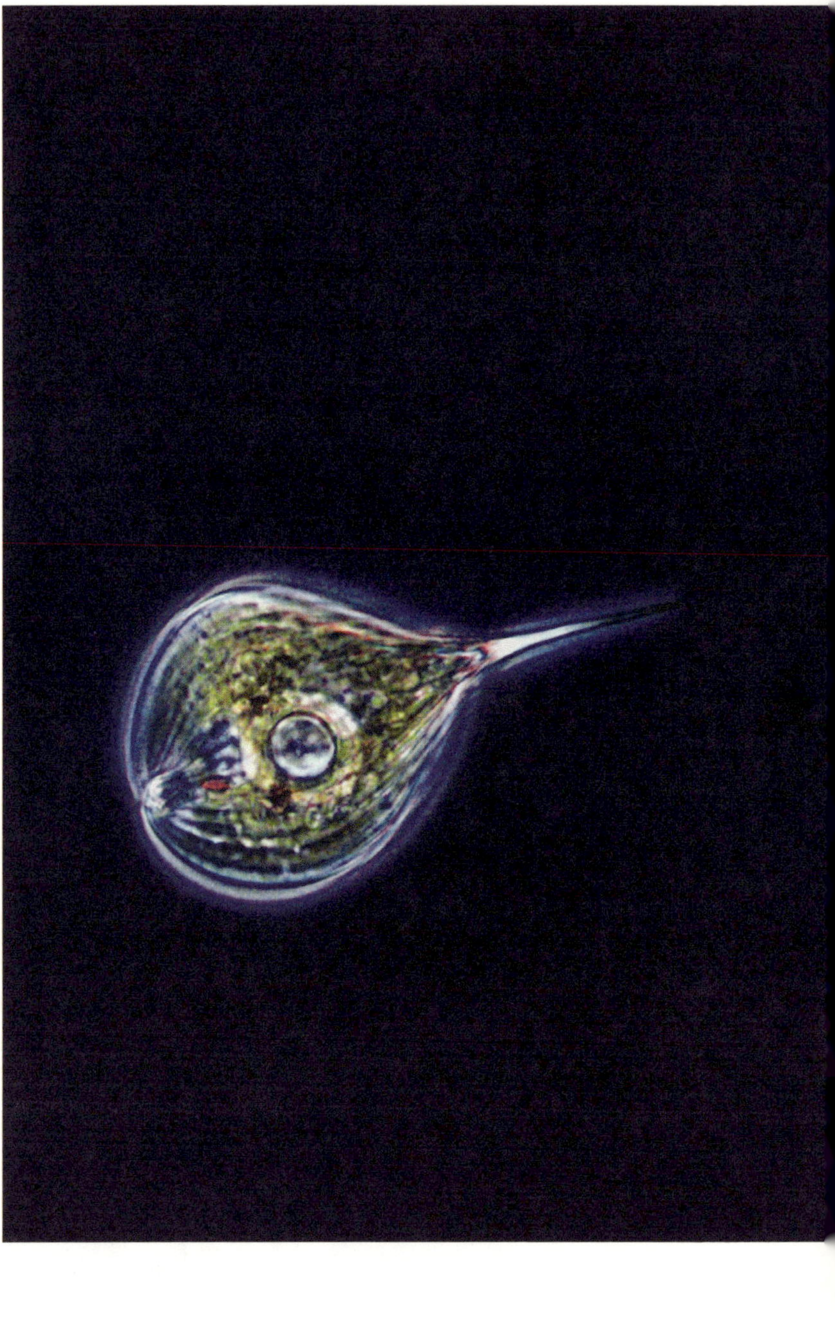

Kleinstlebewesen

Es ist faszinierend, durch das Mikroskop einen Blick in die Wunderwelt des Wassers zu werfen. In nur einem Wassertropfen aus dem Mývatn, einem Tropfen, der mit bloßem Auge durchsichtig und leer erscheint, verbirgt sich ein ganzes Universum an winzigen Lebewesen. Das Erlebnis ist so ähnlich, wie wenn man durch ein Fernrohr ins sternenklare Universum schaut und die immensen Weiten erspürt, Entfernung, Zeit, Unendlichkeit. Das Bewusstsein erweitert sich, das Empfinden für die eigene Größe im Kreislauf des Lebens, das Gefühl für den Zusammenhang der Dinge, all dies ordnet sich neu. Bei dem Leben im Wassertropfen ist die Wahrnehmung jedoch genau umgekehrt: Eine Faszination für die Unendlichkeit im Kleinen, für das, was man mit bloßem Auge nicht erkennen und nur durchs Mikroskop sehen kann. Während man sich beim Blick ins Universum wie ein Liliputaner fühlt, kann man sich hierbei in Gulliver hineinversetzen.

Wer durch ein Mikroskop schaut, sieht oftmals die Tiere und Algen, aber nicht das Zusammenspiel zwischen ihnen. Für mich ist die Interaktion das Interessanteste, zu sehen, wie die Evolution diese Gemeinschaft erschaffen und geformt hat. Wenn man einen großen Wassertropfen betrachtet, in dem sich alle Lebewesen frei bewegen können, merkt man schnell, dass diese Welt nur ein verkleinertes Bild der Welt ist, die wir kennen, mit all ihren komplizierten Verhaltensmustern und vielfältigen Lebensweisen. Zunächst wirken die Kleinstlebewesen wie seltsame, drollige Formen, die in einem schwerelosen und lautlosen Universum herumgeistern. Aber wie ist das eigentlich mit Geräuschen? Vielleicht gibt es ja dort unheimliche Geisterlaute oder wundersame Musik, gespielt in einer Frequenz, die wir nicht hören können.

Als ich zum allerersten Mal durch ein Mikroskop schaute, um das Leben in einem Wassertropfen zu betrachten, wurde ich auf ein kleines Teilchen aufmerksam und erfuhr, dass es sich um eine Goldalge handelte, die Uroglena heißt. Sie sah aus wie ein schön geformter Diamant, rund und aus vielen kleineren Einheiten zusammengesetzt. Sie drehte sich langsam und majestätisch im Kreis, wie ein Planet auf seiner Umlaufbahn im Weltall. Plötzlich hielt sie an, erzitterte leicht und drehte sich dann in die andere Richtung. Hatte sie ihre Meinung geändert? Ich war seltsam berührt – was für ein unbeschreiblicher Augenblick, mitzuerleben, wie Uroglena eine Entscheidung fällte! Was ich tatsächlich sah, war, dass die locker miteinander verbundene Kolonie von Einzellern die Richtung änderte. Und mir wurde schlagartig bewusst, dass diese Wesen einen Willen, eine Richtung und vielleicht ein Ziel haben.

Auch wenn Kleinstlebewesen winzig sind und man sie mit bloßem Auge nicht erkennen kann, sind sie in ihrer Winzigkeit großartig und wichtig, denn sie bilden die Grundlage der Biosphäre – im Mývatn und anderswo.

Die Welt im Wassertropfen – nach Größe sortiert

Wie passt so viel Leben in einen kleinen Wassertropfen? Eine ganze Welt, fremd und exotisch, eröffnet sich. Bizarre und zugleich ästhetische Formen, die an die Punkte in den Kunstwerken der australischen Aborigines erinnern, schweben wie im Weltall schwerelos umher. Doch es sind keine dekorativen Tupfen, sondern komplizierte Lebensformen.

Um leichter in die Welt dieses Wassertropfens einzutreten, kann man den Kategorisierungswahn der Biologen nutzen und alles, was man sieht, nach Größe sortieren. In dem Wassertropfen gibt es Lebewesen in vier Größenordnungen:

Klitzeklitzeklitzekleine: Sieht man nur mit tausendfacher Vergrößerung im Mikroskop. Das sind die Bakterien, und sie sind so klein, dass man etwa fünfhundert braucht, um eine Reihe von einem Millimeter zu bilden.

Klitzeklitzekleine: Mikroskopisch kleine Algen und kleine Einzeller (mikroskopisch klein heißt, dass man ein Mikroskop braucht, um sie zu unterscheiden). Die allermeisten dieser Lebewesen bestehen aus nur einer Zelle, zum Beispiel Amöben. Zehn bis zwanzig solcher Wesen aneinandergereiht könnten einen Millimeter ergeben.

Klitzekleine: Rädertierchen und Wimperntierchen, auch mikroskopisch klein. Rädertierchen bestehen aus vielen Zellen, Wimperntierchen nur aus einer Zelle. In dieser Größenordnung gibt es auch diverse Kleinstalgen, bei denen mehrere Zellen in Kolonien zusammenhängen, zum Beispiel Uroglena. Solche Tiere und Algen sind ungefähr ein Viertel Millimeter lang.

Kleine: Mückenlarven und Krebstiere. Die kleinsten Krebstiere sind etwa ein Millimeter lang und gerade noch mit bloßem Auge erkennbar, während Mückenlarven bis zu zwei Zentimeter groß sein können.

Was man in einem einzigen Wassertropfen sieht

Wenden wir uns wieder unserem Wassertropfen unter dem Mikroskop zu. Was haben wir da?

Algen und Kleinstlebewesen von unterschiedlicher Form und Gestalt schwirren umher. Zunächst wirkt es so, als schwebten diese fantastischen Wesen willenlos durchs Wasser, ihrem Schicksal ausgeliefert, doch nach und nach erkennt man, dass die seltsamen Formen sich fortbewegen können. Manche schwimmen auch unkontrolliert oder treiben mit der Strömung, aber die meisten haben Hilfsmittel, um von der Stelle zu kommen. Einige besitzen eine Ausrüstung, mit der sie treiben können, andere sind so ausgestattet, dass sie ihre Sinkgeschwindigkeit verringern können, und noch andere können schwimmen.

Es gibt hübsch gemusterte Kieselalgen in der Form von Bumerangs, dieser cleveren Waffen der australischen Ureinwohner, die, wenn man sie richtig wirft, zu einem zurückkommen. Andere Kieselalgen sehen aus wie Nadeln oder kleine Münzen, sogar wie Sterne.

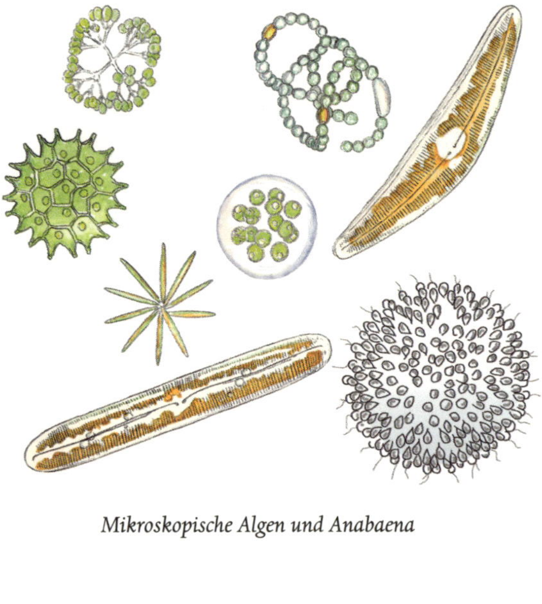

Mikroskopische Algen und Anabaena

Es gibt kugelförmiges Uroglena, das sich langsam und majestätisch voranwälzt, als wäre es über die anderen erhaben – eine Kolonie von Goldalgen, denen der Schutz der Gruppe und die Kraft der Masse Sicherheit bieten. Die Algen in der Kolonie besitzen zwei kleine Haare, die sie wie Peitschen schwingen, und mit gemeinschaftlichem Einsatz bringen sie die gesamte Kugelkolonie dazu, sich gemächlich im Wasser zu drehen.

Die Rädertierchen sind dagegen hyperaktiv und ständig in Bewegung. An ihrem vorderen Ende befindet sich ein Kranz aus unzähligen Flimmerhärchen, die lebhaft im Takt schwingen, was an drehende Räder erinnert. Dadurch verursachen sie eine Strömung, die sie vorwärtsbringt und gleichzeitig Bakterien und andere Leckerbissen zu ihnen wirbelt. Das größte Rädertierchen in dem Wassertropfen heißt Sack-Rädertier und sieht aus wie ein prall gefüllter Beutel. Es schwimmt eher langsam und verschlingt alles, was ihm vors Maul kommt. Das Tier ist halb durchsichtig, und wenn man das Licht am Mikroskop etwas besser einstellt, kann man verschiedene Algen und kleine Krebstiere in seinem Magen erkennen.

Wimperntierchen schwirren ebenfalls umher. Die Kleinsten schießen wie Tennisbälle über das Sichtfeld, sodass man sie kaum im Blick behalten kann, und wenn sie innehalten, drehen sie sich rasend schnell um die eigene Achse. Größere Wimperntierchen bewegen sich langsamer und lassen sich leichter beobachten. Sie sind mit Wimpernhärchen bedeckt, die wie ein Kornfeld im Wind wogen und sie dadurch antreiben.

Vereinzelte Amöben sind auch unterwegs – typische Beispiele für primitive Lebewesen, die mit ihren Scheinfüßchen vorwärtskriechen. Sie verformen und dehnen sich, sehen ein bisschen aus wie Horrorwesen in einem japanischen Zeichentrickfilm, eine Art Schleimklumpen, der sich vorwärtswälzt und alles frisst, was ihm in den Weg kommt.

Und dann gibt es noch die Bakterien, das Kleinste vom mikroskopisch Kleinen, das Niedrigste vom Niederen. Manche Bakterien sind wie Spiralen geformt und schrauben sich durchs Wasser, wohl eine einzigartige Fortbewegungsart in der Welt der Lebewesen. Ansonsten wirken die Bakterien ziemlich unbeteiligt und scheinen nur darauf zu warten, gefressen zu werden – vielleicht die unvermeidliche Rolle des Niedrigsten in der Nahrungskette.

Doch in unserem Wassertropfen gibt es auch noch andere Bakterien, wesentlich größere, zum Beispiel die mit dem schönen Namen Anabaena. Anabaena ist ein Fotosynthese betreibendes Wesen und der Riese unter den Bakterien. Wir müssen hier kurz über diese sogenannten Blaualgen sprechen, denn sie sind die Ursache für ein spezielles Phänomen, das die Leute am Mývatn »Schlammlösung« nennen – dann wird der See zu einer dicken grünen Schleimsuppe. Blaualgen sind große, kugelförmige Zellen, die sich zu einer langen Perlenkette aufreihen. Innerhalb der Kette gibt es besondere Zellen, die wie Edelsteine schimmern – eine Art Düngerfabriken, die Stickstoff binden. Anabaena haben in ihrem Inneren eine spezielle Schwimmausrüstung: mit Luftkapseln gefüllte Räume im Protoplasma, so winzig klein, dass man sie nur unter dem Elektronenmikroskop sehen kann. Anabaena können die Luftmenge in den Kapseln regulieren, je nachdem, wie weit oben sie treiben möchten. Sie drängen zum Licht, um Fotosynthese zu betreiben, so wie Algen, und wurden daher lange als solche klassifiziert. Wenn es viele Blaualgen gibt, überschatten sie sich gegenseitig und drängen alle an die Oberfläche. Dann wird das Wasser zu einer dicken grünen Schleimsuppe – die »Schlammlösung«. Biologen haben für dieses Phänomen, das gehäuft im Hochsommer, im Juli und August auftritt, das Wort »Wasserblüte« kreiert.

Rädertierchen und kleine Krebstiere

Abwehrausrüstung

Es herrscht also geschäftiges Treiben in unserem Wassertropfen, das Leben pulsiert wie in einer Großstadt. Nachdem ich eine Weile fasziniert durchs Mikroskop geschaut habe, bin ich davon überzeugt, dass die Welt der Kleinstlebewesen nach denselben Gesetzmäßigkeiten abläuft wie unsere sichtbare Welt. Sie ist voller Konkurrenz und Grausamkeit, genau wie bei uns. Pfeilschnelle Raubtiere attackieren schwerfällige Algenfresser, alle sind damit beschäftigt, andere zu fressen – und aufzupassen, nicht selbst gefressen zu werden! Überall herrscht Konkurrenz ums tägliche Brot, um Nährstoffe, Licht und Zuflucht.

Die meisten Kleinstlebewesen besitzen eine Abwehrausrüstung, um nicht gefressen zu werden. Durchs Mikroskop erkennt man auf Anhieb die Kreativität und Weitsicht des Verteidigungsministeriums der Kleinstlebewesen, kann Waffen und Gerätschaften in Aktion beobachten. Wenn ein Lebewesen klein ist, muss es große Energie aufbringen, um nicht gefressen zu werden. Es gibt so viele andere, die es fressen und vernichten könnten. Einige Tiere bewegen sich sehr schnell und vertrauen auf ihren Fluchtinstinkt, während andere sich hinter einem Schutzschild verstecken, ähnlich wie Muscheln. Auch manche Algen bilden eine harte Schale, die jedoch Licht und Nährstoffe durchlassen muss. Sie hüllen sich in harte Materialien aus Kiesel oder Zellulose oder haben dicke Zellwände, die schwer zu durchbeißen sind. Kieselalgen umgeben sich mit einer transparenten Glashülle mit winzigen Löchern. Man kann sich auch ungenießbar machen, indem man eine dicke Gallerthülle um sich bildet. Wer ein größeres Wesen schlucken möchte, braucht ein großes Maul, und große Mäuler haben große Tiere, die viele Nährstoffe benötigen – ist die Gallerthülle jedoch nährstoffarm, ist der darin befindliche Happen weit weniger begehrenswert.

Manchen Wesen wachsen Spieße oder Stacheln, sodass sie nicht mehr ins Maul anderer Tiere passen. Und dann gibt es da noch den klassischen Verteidigungsmechanismus kleiner Lebewesen: Sie rotten sich zusammen. Eine geniale Taktik. Die Nachkommen heften sich an die Mutter und bilden eine Gemeinschaft. Sobald zehn oder hundert Individuen zusammengekommen sind, ganz zu schweigen von tausend oder mehreren Tausend, können sie von weniger Mäulern gefressen werden. Derselbe Entwicklungsmotor führte zur Entstehung der Dinosaurier. Je größer ein Lebewesen ist, desto weniger Feinde hat es.

Fortpflanzungsmethoden

Wie vermehren sich Kleinstlebewesen? Gibt es ein Liebespiel? Ehrlich gesagt, ist das ziemlich unspannend und von Art zu Art verschieden.

Bakterien und mikroskopische Algen pflanzen sich größtenteils durch vegetative Vermehrung fort, die schlicht und ergreifend darauf hinausläuft, sich zu teilen! Sie klonen sich, verdoppeln also ihr Erbgut, teilen sich, und jedes Individuum erhält eine exakte Kopie der Gene. Punkt, basta, das war's. Bin ich meine Schwester, meine Mutter oder meine Tochter? Die Individuen sind genau gleich.

Dennoch gibt es Zeiträume, in denen Algen sich geschlechtlich vermehren. Dann paaren sie sich und vermischen ihr Erbgut. Dies geschieht meistens im Herbst, bevor es hart auf hart kommt. Geschlechtliche Vermehrung verhindert das Aussterben und ist die Voraussetzung dafür, dass Arten weiterexistieren können. Die Arten, die in der Evolutionsgeschichte überlebt haben, sind genau die, die sich auf irgendeine Weise geschlechtlich vermehren und ihr Erbgut vermischen.

Wenn ich über die Lebensdauer von Kleinstlebewesen nachdenke, kann ich mir gut vorstellen, dass in ihrer Welt ein anderes Zeitgefühl herrscht als in unserer. Weiß man, wie alt sie werden? Die Kleinstlebewesen im Mývatn leben mit Sicherheit nicht länger als einige Tage, höchstens ein paar Wochen. Sie sind an die Jahreszeiten gebunden, erwachen im Frühling zum Leben, vermehren sich im Sommer, und im Herbst, wenn der See eine Eisdecke bildet, segnen sie das Zeitliche. Der Lebensraum ruht. Doch Eizellen und Sporen leben weiter und glauben an den Frühling, genau wie die Samen in der Erde.

Kugeldreck – zum Gedenken

Es sind sich wohl alle einig, dass die Mývatn-Region mit Naturwundern reich gesegnet ist. Sie verfügt über ein einzigartiges Bergpanorama, ein Entensortiment von Weltrang, Pseudokrater, Erdwärme und Höhlensaiblinge. Doch das ist noch nicht alles! Eines der Wunder dieser Welt verbarg sich auf dem Grund des Sees: Kugeldreck, die grüne Alge, die eine vollkommen runde Form hat. Viele halten »Kugeldreck« für einen abfälligen, wenn nicht gar lächerlichen Namen für diese wunderschöne, samtene Alge, die bei Menschen, die mit ihr in Berührung kommen, oftmals romantische Gefühle weckt, vielleicht weil ihre Form so stark an die Erdkugel erinnert, auf der wir leben. Darin spiegelt sich wohl die Liebe der Menschen zu ihrem Planeten wider, unbewusst – oder ganz bewusst –, eine kollektive Zuneigung zur Erde, unserem einzigen Zuhause im Universum.

Der Name Kugeldreck stammt von den Bauern, die am Mývatn Fischfang betrieben und nicht viel von dem grünen Ball hielten. Er verfing sich in ihren Netzen und wurde, genau wie andere Pflanzen, zurück ins Wasser geschleudert. Alles, was sich in den Netzen verfing, bezeichnete man als Dreck, und diese besondere Variante bekam schlicht und ergreifend den Namen Kugeldreck! Dieser Name setzte sich durch, und es ist erfreulich, dass er von den Anwohnern des Sees stammt.

Die Biologie des Kugeldrecks

Kugeldreck ist eine Alge mit spezieller Wachsform, die Seeball und auf Lateinisch *Aegagropila linnaei* heißt. *Aegagropila* verweist auf kugelförmige Haarballen, wie man sie in den Mägen von Haustieren finden kann. Das zweite lateinische Wort *linnaei* verbindet den Kugeldreck mit Carl von Linné höchstpersönlich. Linné war ein schwedischer Naturforscher, der im 18. Jahrhundert lebte. Er kategorisierte Tiere und Pflanzen, unterteilte sie in Gattungen und Arten und führte die binäre Nomenklatur ein, die heute noch benutzt wird. Linné hatte jedoch keinen blassen Schimmer von Evolution und widmete sich lediglich der Klassifizierung von Gottes Schöpfungswerk, so als würde er bei Noah im Akkord arbeiten.

Eine weitere Variante der Alge heißt auf Isländisch Wasserdaune. Dabei handelt es sich um kleine, spärlich bewachsene dunkelgrüne Knäuel in der Größe von Fingernägeln. Die dritte Variante wächst auf Steinen auf dem Seegrund und wird Wasseranmut oder Gesteinsanmut genannt.

Wie groß ist Kugeldreck? Wie fühlt er sich an? Im Mývatn erreichte er die Größe einer großen Apfelsine oder noch größer. Im Akan-See in Japan habe ich Kugeldreck in Fußball-Größe gesehen. Stellen Sie sich vor, Sie fischen am Mývatn ein Exemplar aus dem Wasser. Die plüschartige Oberfläche des Algenballs fühlt sich samtig an, er ist schwer vom Wasser, und wenn Sie ihn in die Hand nehmen und vorsichtig zusammendrücken, fließt das Wasser heraus, wie wenn man einen Schwamm ausdrückt. Der Ball bläht sich wieder auf und wird in Ihrer Hand ganz leicht und hauchzart.

Wie vermehrt sich Kugeldreck? Die Alge wächst bevorzugt auf flachen Steinen im Wasser, in etwa anderthalb bis zwei Metern Tiefe; eine Ansammlung kleiner Büschel, die in den Wellen zittern. Durch den Wellengang werden sie dicht und rund. Je größer sie werden, desto besser kann die Welle sie erfassen, und wenn sie eine gewisse Größe erreicht haben, lösen sie sich vom Stein und begeben sich auf eine lange Reise. Die windgetriebene Strömung trägt sie durch den See, und sie sind monatelang unterwegs, bis sie in einem Gebiet landen, wo Strömungen aufeinandertreffen und ein Strudel sie an einer Stelle sammelt. Dort bilden sie eine Art Kolonie.

Wenn man Kugeldreck seziert, stellt sich heraus, dass er von innen genauso grün ist wie von außen, bis in die Mitte hinein, was sehr speziell ist. Im Grunde besteht er aus feinen Fäden, die von der Mitte der Kugel ausgehen. Die Algenfäden sind dicht mit Chloroplasten besetzt, obwohl kein Licht in die Kugel gelangt. Es ist nicht bekannt, wie lange die Kugeln wachsen, bis sie ihre endgültige Größe erreicht haben, aber es dauert mit Sicherheit länger als ein Jahr. Die Alge ist also mehrjährig. Die Kugeln haben eine schwammartige Konsistenz und sind überall ungefähr gleich dicht. Sie besitzen keinen festen Kern, aber manchmal bilden sich in ihrem Inneren wassergefüllte Hohlräume.

Die Kugelform ist in der Natur eher selten und am ehesten bei Kakteen bekannt. Die meisten Pflanzen haben im Verhältnis zu ihrem Volumen eine möglichst große Oberfläche entwickelt, und deshalb sind Blätter meistens dünn. Bei einer kugelförmigen Pflanze wird die Oberfläche im Verhältnis zum Volumen immer kleiner, je mehr die Kugel wächst. Die Kugelform ist demnach die denkbar ungünstigste Form für eine Pflanze, weil eine Kugel im Verhältnis zum Volumen die kleinste Oberfläche aller Körperformen hat. Aus diesem Grund hat Kugeldreck nur begrenzte Wachstumsmöglichkeiten und braucht gute Lichtverhältnisse, um zu gedeihen.

Wenn die Kugelform schon für die Fotosynthese der Pflanze ungünstig ist, muss sie doch auch gewisse Vorteile haben. Der größte Vorteil ist, dass die Form es der Pflanze ermöglicht, auf schlammigem Boden zu leben, wo es viele Sedimentablagerungen gibt. Die meisten Wasserpflanzen, die auf Schlammboden leben, besitzen Wurzeln, mit denen sie sich festhalten können, um dann in Richtung Licht zu wachsen. Kugeldreck hat keine Wurzeln und kann keine Stängel bilden, um sich zum Licht zu recken. Wenn er still auf dem Boden liegen bliebe, würde er in dem sich dort ansammelnden Sediment versinken. Die Form des Kugeldrecks führt jedoch dazu, dass der Bodensatz von ihm abfällt. Noch wichtiger ist, dass die Kugeln bei Wellengang auf dem Seegrund schaukeln und sich so reinigen. Manchmal dreht sich Kugeldreck auch in den Wellen, und deshalb ist es wichtig für ihn, rundum grün zu sein, stes bereit, das Licht zu nutzen, wohin er sich auch wendet.

Bälleparadies der Natur

Es war an einem dieser traumhaften Tage, die es im Sommer manchmal gibt, als wir zu einer Exkursion auf den glatten, in der Sonne funkelnden See hinausfuhren. Das Wasser war so klar, dass man überall bis auf den Grund sehen konnte, was im Mývatn höchst selten vorkommt, vielleicht alle paar Jahre einmal, denn normalerweise ist das Wasser wegen der umhertreibenden Pflanzen trübe und undurchsichtig. Langsam glitten wir in dem offenen Boot beim rhythmischen Tuckern des Motors vorwärts. Dann schalteten wir den Motor aus und ließen das Boot in der Windstille treiben, während ich die Vogelgruppen um uns herum betrachtete. Man sah eine unglaubliche Menge an Enten, die paarweise oder in Grüppchen umherschwam-

Neugeborener Kugeldreck

men, Odinshühnchen beim Liebesspiel und weiter draußen einen Eistaucher, der in einem Höllentempo heranstob, sodass er an ein Küstenwachschiff erinnerte. Ein Gerfalke tauchte wie ein Pfeil am Himmel auf und ließ sich elegant auf seinem Sitzplatz auf einer Klippe nieder. Rings um das Boot schossen Mückenlarven an die Wasseroberfläche, lösten sich aus ihren Kokons und flogen fröhlich hinaus ins Leben, während die leeren Larvenhüllen auf der Wasseroberfläche trieben wie Müll nach einem ausufernden Open-Air-Festival.

Und an diesem denkwürdigen Tag konnte man auf den Seegrund blicken. Es war, als hätte sich eine neue Dimension eröffnet: Unter uns lagen endlose Flächen von Kugeldreck. Wir schienen über ein Bälleparadies der Natur zu gleiten und wurden von dem kindlichen Verlangen ergriffen, ins Wasser zu springen, hinunterzutauchen und uns in den grünen samtigen Bällen zu wälzen. Der Kugeldreck lag dicht in zwei bis drei Schichten, wie mehrere Lagen in einer Pralinenschachtel. Die Kugeln in der untersten Schicht, die Unterlage, waren zum Tode verurteilt, falls kein Sturm aufkommen und die Kolonie aufmischen würde. Dennoch schienen sie monatelang ohne

Licht leben zu können. Tatsächlich ist bekannt, dass Kugeldreck Nährstoffe für die spätere Verarbeitung speichern kann und dass Chloroplasten eine lange Zeit ausharren können.

Da kuschelten sie sich also aneinander an diesem sonnenhellen Tag, wiegten sich leicht in der Strömung und massierten einander sanft.

Der große Vetter in Japan

Als Biologen in den 1980er Jahren zum ersten Mal die Existenz von Kugeldreck im Mývatn feststellten, wussten sie nicht, was sie von diesem wundersamen Phänomen der Pflanzenwelt halten sollten. Dabei war ihnen sofort klar, dass es sich um etwas ganz Besonderes handelte. Ihres Wissens gab es nirgendwo sonst in Island oder Europa etwas Derartiges. Deshalb herrschte große Freude, als eine E-Mail aus Japan mit einer Anfrage zu dem grünen Ball eintraf, kurz nachdem das Internet Brücken zwischen den Kontinenten gebaut hatte. In Japan war man im Internet auf einen Artikel von Ramý über den Kugeldreck im Mývatn gestoßen und interessierte sich dafür, und damit nicht genug, man behauptete sogar, im Akan-See auf der Insel Hokkaido in Japan gebe es ähnliche Algen. Es entstand eine berufliche Freundschaft zwischen den Vertretern der beiden Seen, und schließlich brachten gegenseitige Besuche ans Licht, dass es sich um genau dasselbe Phänomen handelte.

Was für eine geheimnisvolle Verbindung gab es zwischen den beiden Seen auf den gegenüberliegenden Seiten des Erdballs? Welche Voraussetzungen waren nötig, damit diese Algenart entstehen und ausgerechnet in diesen Seen leben konnte? Es ist kurios, dass zwei so seltene und sehr ähnliche Algenkolonien derart weit voneinander entfernt existieren. Die Seen, die sie beherbergen, haben jedoch eine Gemeinsamkeit: Sie liegen in vulkanisch höchst aktiven Gebieten, und an ihren Ufern gibt es Erdwärme. Trotzdem scheint es keine einfache Erklärung für die Existenz von Kugeldreck in diesen beiden Seen zu geben.

Es stellte sich nämlich heraus, dass solche Kolonien früher noch in anderen Seen in weiteren Ländern bekannt waren, aber größtenteils verschwunden sind. Kleinere Algenballen gibt es in vielen Seen auf der Nordhalbkugel der Erde, doch das Besondere am Mývatn und am Akan-See sind die dortigen Kolonien aus großem Kugeldreck.

In Japan entpuppte sich die Lage des Kugeldrecks als ganz anders als in Island. Erstens trägt die Alge dort den schönen Namen Marimo. Wenn man ein paar Mal hintereinander Marimo sagt und dabei an einen samtenen lebendigen grünen Ball denkt, spürt man die Weichheit und Außergewöhnlichkeit dieser Pflanze. Marimo, Marimo, Marimo, Marimo … Es ist geradezu hypnotisierend, wie der Name auf der Zunge rollt, weich und sanft. (Im Grunde bedeutet das Wort genau dasselbe wie auf Isländisch, Kugeltang, wobei Tang für die japanischen Fischer dasselbe war wie für die alten Fischer am Mývatn Dreck.) Zweitens wurde der japanische Kugeldreck bereits im frühen 20. Jahrhundert als »besonderer Naturschatz« eingeordnet und 1967 unter strengen Naturschutz gestellt. Dies bedeutete unter anderem sehr strenge Abwasserverordnungen für die Siedlungen rund um den Akan-See. Heute fließt nichts Schädliches in den See, er ist sauber und ziemlich klar.

Marimo wurde 1897 im Akan-See entdeckt und bekam sofort seinen schönen Namen, der so gut auf der Zunge liegt. Mit der Zeit erlangte die Alge in Japan nationale Aufmerksamkeit und wurde am Ende so berühmt, dass jedes Kind sie kennt.

Die Verehrung, geradezu Liebe der Leute für den Kugeldreck grenzt manchmal sogar ans Lächerliche. Die Alge wird dermaßen personifiziert, dass man zu vergessen scheint, dass es sich um eine Pflanze und nicht um ein Haustier oder ein lebendiges Kuscheltier handelt. Wen auch immer man auf der Straße nach Marimo fragt, seien es blutjunge oder hochbetagte Menschen – sie strahlen einen an und antworten eifrig gestikulierend. Japaner sind bekannt für ihre Spleens, und wenn sie sich vorgenommen haben, etwas zu verehren, dann ist ihre Bewunderung ehrlich und grenzenlos. Sie vergöttern die kugelrunde grüne Alge wie einen Popstar oder einen Pandabären. Teenies brechen in Tränen aus oder kreischen, wenn man sie auf Marimo anspricht, und erwachsene Männer grinsen dämlich wie verliebte Studenten.

Im Herbst 2012 bekam ich die Gelegenheit, zur Geburtstagsfeier des Kugeldrecks zum Akan-See zu fahren. Vor genau sechzig Jahren hatte man ihn in Japan zum Schutzgeist auserkoren. Aus diesem Anlass wurde eine Konferenz abgehalten, bei der die wichtigsten Kugeldreckexperten der Welt zusammenkamen. Es waren allerdings nur drei, und einer von ihnen war selbstverständlich unser isländischer Experte, Árni Einarsson, der kurzerhand zu Árni-san (verehrter Árni) wurde, als er japanischen Boden betrat. Der Zweite war der Gastgeber, der Japaner Isamu Wakana, und der Dritte Christian Boedeker, ein Deutscher, der in Neuseeland lebt und sein Leben der genetischen Erforschung des Kugeldrecks gewidmet hat.

Der Kugeldreck-Häuptling höchstpersönlich, Isamu Wakana, nahm uns mit seiner Gefolgschaft auf dem Flughafen Kushiro in Empfang, und dann fuhren wir in einem kleinen Bus zum Akan-See, eine Fahrt von ungefähr einer Stunde. Auf dem Weg unterhielt ich mich mit Christian, und es stellte sich heraus, dass er 2005 ein Jahr in Island verbracht hatte, im Herbst zum Mývatn gereist war und bei der Forschungsstation angeklopft hatte. Damals war nur ein britischer Geologiestudent da gewesen, der ihm Kugeldreck in einem Aquarium gezeigt hatte, Exemplare, die wir bei der besagten Traumfahrt im Sommer davor gesammelt hatten. Bei dieser Gelegenheit hatte Christian einen weißlichen Gerfalken über die Pseudokrater in Skútustaðir fliegen sehen. »Ja, das muss Jókasta gewesen sein, die ist jetzt dreizehn Jahre alt und lebt immer noch in Dimmuborgir«, entgegnete ich. »Sie lebt jetzt zusammen mit ihrem Sohn. Der ist zurückgekommen und hat sich mit seiner Mutter zusammengetan.« Christian fand es ziemlich kurios, einer Frau fern ihrer Heimat zu begegnen und innerhalb weniger Minuten herauszufinden, dass sie in Island denselben Vogel kannten, einen Vogel, den er sieben Jahre zuvor gesehen hatte und bei dem es sich zudem um einen wilden Gerfalken handelte!

Christian hat Proben der Alge von vielen verschiedenen Orten auf der Welt analysiert und festgestellt, dass sie sich genetisch kaum voneinander unterscheiden. Kugeldreck muss uralt sein und war vor der Eiszeit wahrscheinlich viel weiter verbreitet.

Als wir nach Akan kamen, merkte ich sofort, dass das kein normaler Ort ist. Dort dreht sich alles um Kugeldreck. Die Hauptstraße führt am See entlang, und zwischen Luxushotels, Restaurants und Teehäusern befanden sich Geschäfte und Verkaufsstände, die eine unglaubliche Auswahl an Waren feilboten, die auf irgendeine Weise etwas mit dem grünen Ball zu tun hatten. Es gab großen und kleinen Kugeldreck aus Stoff, grüne Tassen in Kugeldreck-Form, Sanduhren mit grüner Flüssigkeit und kleinen Kugeldreckkugeln, Kugeldreck-Schlüsselanhänger, Haargummis mit lächelndem Kugeldreck, Kugeldreck-Klebeband, Kugeldreck-Kugelschreiber und -Bleistifte, grüne samtige Geldbeutel in Kugeldreckform, Kugeldreck-Klimperkram fürs Handy, Notizbücher und Kalender mit Kugeldreckbildern.

Der Fantasie waren keine Grenzen gesetzt, man konnte sogar grüne Eiskugeln mit kleinen grünen Kügelchen darin kaufen!

Der Akan-See liegt mitten in einem Nationalpark, und Jahr für Jahr pilgern Tausende von Besuchern zu dem See auf der Insel Hokkaido, um die grüne Pflanze und ihre Lebensweise kennenzulernen. Eher zufällig nahm sich eine ethnische Volksgruppe des japanischen Kugeldrecks an und erschuf rund um die Alge eine ganze Lebensart. Die Ainu sind Ureinwohner von Hokkaido mit eigenen Traditionen und einer eigenen Kultur. Im Lauf der Jahrhunderte wanderten sie durch Asien, wurden in Kriege und Auseinandersetzungen verwickelt und landeten schließlich auf der Insel Hokkaido. Äußerlich unterscheiden sie sich von Japanern durch ihre Größe und ihre hellere Haut. Die Ainu besitzen eine eigene Sprache und eine eigene musikalische Tradition, sie tragen Trachten mit Ainu-Mustern und haben spezielle Fischfangmethoden. Doch der Fischfang wurde zu einem Problem, als in der ersten Hälfte des 20. Jahrhunderts ein großes Gebiet rund um den Akan-See geschützt und in einen Nationalpark verwandelt wurde. Die Ainu durften nicht länger fischen, wodurch man ihnen ihre Lebensgrundlage entzog. Da kam irgendein einflussreicher Mensch auf die Idee, die Volksgruppe zu Beschützern des Marimo, des Kugeldrecks, zu machen. Die Ainu besaßen ohnehin schon viele besondere Traditionen und Feste. Das Bärenfest, das Kostümfest, das Sprachenfest, das Vorväterfest und das Mondfest – da konnte man genauso gut ein weiteres Fest für den Kugeldreck abhalten. So fand 1950 zum ersten Mal am Akan-See das berühmte dreitägige Marimo-Festival statt, das seitdem jeden Herbst gefeiert wird und längst Kultstatus erreicht hat! Die Leute strömen in Scharen herbei, um Kugeldreck zu sehen, und am See hat sich eine ganze

Tourismusindustrie entwickelt. Vielleicht hat man es dadurch geschafft, sowohl den Kugeldreck, als auch eine ethnische Volksgruppe zu retten.

Am Akan-See gibt es heiße Quellen, genau wie am Mývatn, und man hat Wellness-Hotels gebaut, in denen man die Erdwärme auf raffinierte Weise nutzt.

Lonesome George

Kugeldreck ist ein Symbol für alles Grüne und Gute, für einen ökologisch grünen Planeten. Ein Jahr nach der besagten Bootsfahrt, als das Wasser so klar war, dass die riesigen Algenflächen in ihrem Habitat auf dem Seegrund bloß lagen und unübersehbar waren, wurde der Kugeldreck im Mývatn endlich unter Naturschutz gestellt, genauer gesagt im Jahr 2006. Doch nur wenige Jahre später war er gänzlich aus dem See verschwunden. Der letzte Kugeldreck wurde 2014 gesichtet, und es war Isamu Wakana, der japanische Kugeldreckexperte, der ihn entdeckte. Die Biologen merkten zu spät, worauf es hinauslaufen würde, und in bemerkenswert kurzer Zeit waren die Algenkolonien komplett verschwunden. Inzwischen ist der Kugeldreck ein Symbol dafür, dass die Welt auf sehr wackligen Beinen steht.

Auf einem alten Pflanzenständer bei mir zu Hause führt der Kugeldreck in einem durchsichtigen Gefäß ein gutes Leben, ein Ansichtsexemplar, das mir vor einigen Jahren zur Aufbewahrung übergeben wurde. Er braucht nicht viel, nur Licht und jeden zweiten bis dritten Monat frisches Wasser. Aber er ist allein und entstammt einer Algenkolonie, die bis vor ein paar Jahren noch im Mývatn existierte.

Das lässt die Gedanken zu einem anderen Lebewesen schweifen, Lonesome George, einer Riesenschildkröte, die ich 1985 auf den Galápagos-Inseln sah. George wurde 1971 auf der Insel Pinta »entdeckt« und schien das letzte Exemplar seiner Art zu sein. Irgendwann hatte man auf der Insel eine Gruppe Ziegen freigelassen, die sich vermehrten und die Vegetation vernichteten, von der die langhalsigen Riesenschildkröten lebten, sodass sie mit der Zeit ausstarben. Um George zu schützen, wurde er zur Forschungsstation der Charles Darwin Foundation auf Santa Cruz gebracht, und man versuchte, eine Partnerin seiner Art für ihn zu finden, doch eine solche Schildkrötendame schien es nirgends zu geben. Man bot ihm artverwandte Weibchen an, Schildkröten, die im Vulkankrater Wolf auf der Insel Isabela lebten. Doch alle Paarungsversuche schlugen fehl, die Eier waren nicht befruchtet. 2012 wurde George von seinem Pfleger, der ihn vierzig Jahre lang betreut hatte, tot aufgefunden. Er starb an einem Herzinfarkt, das letzte Exemplar seiner Art, mit nur etwa hundert Jahren, was für Riesenschildkröten, die über zweihundert Jahre alt werden können, sehr jung ist.

Ich betrachte den Kugeldreck in meinem Glas mit einer gewissen Melancholie und der drängenden Frage: Wird er eines Tages im Mývatn wieder entstehen? Oder ist diese Hoffnung vergeblich? Es ist bedrückend, mitansehen zu müssen, wie ein seltenes Lebewesen in der eigenen Obhut ausstirbt. Wer trägt die Schuld? Warum ist es in Japan gelungen, die Alge zu bewahren, hier in Island aber nicht? Und was zeigt uns das über den Zustand des Mývatn? Denn wie Isamu sagt: Kugeldreck ist der beste Gradmesser für die Gesundheit eines Binnensees, weil er so empfindlich auf Verschmutzung und andere äußere Einflüsse reagiert.

Die Biologen der Forschungsstation sind vorsichtig mit Erklärungen, denn es gibt keine Messungen aus der Zeit, bevor diese Entwicklung einsetzte. Sie sagen jedoch, es sei das Licht, das im Mývatn gefehlt habe. Lang anhaltende Lichtknappheit aufgrund von verstärktem Bakterienwachstum im Wasser hat den Kugeldreck vermutlich ausgerottet. Und warum ist dieses Wachstum so stark? Normalerweise wegen zu großer Anreicherung von Nährstoffen, die wiederum eine Begleiterscheinung von Besiedlung, Landwirtschaft und Industrie sind – von uns Menschen.

Ich denke, es ist allgemein bekannt, dass der jahrzehntelange Betrieb der Kieselgurfabrik, die großflächig Sedimentgestein auf dem Seegrund abbaute, sowie ein unbefriedigendes Abwassermanagement der Wohngebiete am See die größte Rolle dabei spielen. Wurde der See zu spät unter Naturschutz gestellt? Reichte das nicht, um das Abwasserproblem in den Griff zu kriegen? Inzwischen haben sich die Anwohner auf Tourismus ausgerichtet, aber diesen Naturschatz können sie nicht mehr bieten. Es wäre sicher lehrreich, sich ein Beispiel am Akan-See in Japan zu nehmen, wo diese Partnerschaft bewundernswert gut funktioniert.

Trotz allem haben die Biologen noch Hoffnung. Sie halten es für wahrscheinlich, dass der Kugeldreck zurückkommt, wenn sich die Bedingungen verbessern. Wenn es gelingt, die starke Vermehrung von blaugrünen Bakterien im Wasser zu stoppen und dadurch die Lichtverhältnisse zu verbessern, könne man diese Entwicklung möglicherweise in ein paar Jahrzehnten rückgängig machen. Wenn es auf dem Seegrund heller wird, kehrt der Kugeldreck zurück.

Der Angelsee

Der Mývatn war jahrhundertelang einer der bekanntesten Angelseen Islands. Der Ruf dieses eindrucksvollen Hochlandsees im Norden mit seinem Vogelreichtum und seinen Mückenschwärmen drang bis weit über die Landesgrenzen hinaus, und es kursierten legendäre Geschichten über Fischwanderungen und Anglerglück. Was für ein Privileg, Zugang zu einem See zu haben, in dem man immer Forellen angeln konnte, sommers wie winters, als das ganze Leben sich noch darum drehte, für sich und die Seinigen Nahrung zu beschaffen. Das konnte den entscheidenden Unterschied machen im Lebenskampf.

Heute holt man hingegen nicht mehr viele Fische aus dem Wasser. Die besten Zeiten des berühmten Angelsees sind vorbei, und die Bauern auf den alten Angelgrundstücken am See müssen sich ihre Forellen zum Räuchern und Verkaufen anderswo besorgen. Woran liegt das? Verschmutzung? Der umstrittene Abbau von Kieselgur, der fast vierzig Jahre lang im Mývatn betrieben wurde? Nahrungsmangel? Oder schlicht und ergreifend Überfischung? Oder handelt es sich um natürliche, unvorhersehbare Schwankungen der Biosphäre? Die Leute befürchteten schon seit Langem, dass der Fisch zurückgeht, wie fünfzig Jahre alte Schriften belegen, die auf einem verlassenen Hof am See in einer Schublade gefunden wurden.

Ein Mann namens Valdimar Halldórsson (1888-1966), auch Valdi genannt, ist auf dem Hof Kálfaströnd geboren und aufgewachsen. Sein Hof stand inmitten von Ebereschen und Birken an einer kleinen Bucht im Schutz hoher Krater. Hinter der Bucht ragte majestätisch der Bláfjall auf, und auf dem See vor dem Hof schaukelten Spatelenten, die in den löchrigen Steinmauern der Hofgebäude brüteten. Valdi wurde in der Gegend schon als junger Mann zum Volkshelden, weil er mit dem Nationaldichter Davíð Stefánsson nach Rom und weiter bis nach Capri reiste, wo die beiden einer gewissen Katharina begegneten, über die Davíð ein unsterbliches Gedicht schrieb. Danach wurde er meist Valdi, der Italienfahrer, genannt. Doch Valdimar zog den südlichen Stränden die heimatlichen Gefilde vor und kehrte zurück nach Hause.

In dem alten Haus in Kálfaströnd, in einem zerfledderten Büchlein ganz hinten in der Schublade eines abgenutzten Schreibtischs, fand man die Notizen des alten Bauern aus der Zeit um 1960 über die Lage des Fischfangs und die Zukunft des Angelsees:

> *Ich bin nicht viel unterwegs und treffe kaum Leute, aber wenn ich einmal jemandem begegne und mit ihm über diese Themen spreche, ist es immer dieselbe Leier, schon seit jeher. Jeder hat eine andere Meinung, und die meisten glauben, man könne in dieser Sache nichts machen. Dabei ist es doch offensichtlich, dass der Mývatn kein Angelsee mehr sein wird, sondern ein totes Gewässer. Es ist ziemlich schlimm um ihn bestellt. Vor noch nicht allzu langer Zeit brachten die Bauern am See den größten Teil der Gemeindesteuern auf, jahrelang. Obendrein wurden alle Gebäude, die am Seeufer stehen, zu einem beträchtlichen Teil von den Einnahmen aus dem Forellenverkauf gebaut, nicht zu vergessen das gute, gesunde Essen, das wir hier hatten. Forellen und*

Eier sind kein Fraß. So manch einer wird erschrecken, wenn das alles weitgehend verschwindet, auch wenn die Leute Fabriksklaven werden können, die mit Schlamm schippen ihren Lebensunterhalt verdienen.

Und weiter:

Natürlich kann jeder vernünftige Mensch sehen, dass es im Mývatn mit der Zeit keine Fische mehr geben wird, wenn keine Schutzmaßnahmen getroffen werden. Wahrscheinlich ist es das Beste. Dann braucht auch niemand mehr den anderen um seinen guten Fang zu beneiden.

Das sind starke Worte von einem Mann, der den See, das Flüstern der Wellen und die Natur liebte. Von einem Mann, der begreift, welche Kostbarkeit jede Generation in den Händen hält. Warum lag das Notizbuch in Valdis Schreibtischschublade? Warum bekam niemand seine Überlegungen zu sehen, als er sie vor über einem halben Jahrhundert zu Papier brachte? Valdi schien zu ahnen, worauf es hinauslief. Aber hätte man damals auf ihn gehört? Hätte es etwas geändert?

Lachsforelle und Saibling – Biologie der Forelle

Wer ist dieser Fisch, der fast aus dem See verschwunden ist? Das Wort Forelle ist ein Oberbegriff für zwei Arten von Fischen: Saibling und Lachsforelle. Auch wenn beide zu den Forellenfischen gehören, gibt es Unterschiede im Aussehen und Verhalten. Beide leben im Mývatn und in der Laxá; der Saibling hält sich vorwiegend im Mývatn auf, während die Laxá das Heimatgebiet der Lachsforelle ist. Dort kenne ich die Angelgründe sehr gut, weil wir bei den Vogelzählungen im Frühling jede Biegung am Flussufer ablaufen. Es ist eine idyllische Gegend, der Pfad schlängelt sich am bewachsenen Lavaufer entlang, das in dieser Jahreszeit mit sonnengelben Sumpf-Dotterblumen gesäumt ist. Im Fluss pulsiert das Leben, besonders in den strömungsarmen Pfuhlen und den plätschernden Stromschnellen. Er teilt sich um Inseln, umrundet Landspitzen und flutet durch Furten. Sein Gesang ist wie eine frohe Botschaft auf dem Weg zum Meer.

Der Fluss gilt als eines der besten Angelgebiete für Lachsforellen in Island, das sich kaum mit anderen vergleichen lässt. Manchmal betrachte ich die Angler, die reglos in ihren Wathosen mit erhobenen Angelruten im Fluss stehen, und bin beeindruckt, wie gut sie sich in die Natur einzufügen scheinen. Dann schwingen sie plötzlich die Angel, und eine glitzernde, quirlige Lachsforelle zappelt in der Luft.

Vereinzelt fängt man in der Laxá auch Saiblinge, aber ihr angestammtes Reich ist der Mývatn. Der Lebenslauf des Saiblings verläuft in etwa so: Er laicht von Oktober bis Januar, die Jungfische schlüpfen in den letzten Wintermonaten und bleiben auf dem Kiesgrund, bis sie keine Dottersäcke mehr haben. Dottersäcke sind Verpflegungstaschen voller Eigelb, die die Jungfi-

Lachsforelle

sche in den ersten Wochen nach dem Schlüpfen bei sich haben. Im nährstoffreichen Mývatn wächst der Saibling schnell, um die sieben bis acht Zentimeter pro Jahr, bis er im vierten Jahr geschlechtsreif wird – dann ist er ungefähr dreißig Zentimeter lang. Wenn die Saiblinge gefangen werden, haben sie eine Länge von dreißig bis fünfzig Zentimetern.

In seiner Nahrungswahl ist der Saibling opportunistisch und anpassungsfähig. Er kann alles Mögliche fressen, je nach Jahreszeit und Vorkommen im See. Sein Mageninhalt spiegelt wider, welche Nahrungsart zu der betreffenden Zeit am meisten vorhanden ist. Krebstiere mit kuriosen Namen gehören zu seinen Lieblingsspeisen: Breitbandkrebschen, Schuppenschwänze und Langdorn-Wasserflöhe. Mücken stehen natürlich auch auf seinem Speiseplan, sofern sie im Angebot sind, sowohl Mückenlarven als auch Puppen. Wenn ein Angler Dreistachelige Stichlinge und Schneckenhäuser im Magen des Saiblings findet, weiß er, dass der Fisch keine große Auswahl hatte.

Im Mývatn leben zwei Arten von Saiblingen, normale Saiblinge und kleine, dunklere Saiblinge mit Boxergesichtern. Die Einheimischen nennen sie Krús. Krús hält sich in den kalten Quellgebieten des Sees auf und gilt als ungenießbar. Biologen haben herausgefunden, dass Krús sich im Mývatn entwickelt hat. Hier muss man auch den Höhlensaibling nennen, der ein spezielles Forschungsobjekt ist und als Belohnung in diesem Buch ein eigenes Kapitel bekommen hat. Ihn findet man nicht im Mývatn selbst, sondern ausschließlich in den Lavahöhlen am See. Auch wenn die Kinder ihn gern fangen, ist er genauso ungenießbar wie Krús.

Forelle oder Fisch?

Es gibt eine Geschichte über einen Ausspruch von Jakobína Sigurðardóttir, der Dichterin mit den magischen Kräften aus Hornstrandir in den Westfjorden, die Mitte des 20. Jahrhunderts Starri von Garður heiratete und mit ihm gemeinsam seinen Hof am Mývatn bewirtschaftete. Die Anekdote geht so: Ein Mann klopfte in Garður an die Tür und fragte, ob er geräucherten Fisch kaufen könne. Jakobína kam hinaus auf den Treppenabsatz, beugte sich übers Geländer, musterte ihn mitleidig und fragte dann: »Meinst du Forelle, wenn du Fisch sagst?«

Darüber lachen die Einheimischen herzlich, und ich habe natürlich immer mitgelacht. Dabei musste ich mir eingestehen, das ich den Witz nie richtig verstand. Ist Forelle denn kein Fisch? Verachtete Jakobína Forellen, weil sie aus Hornstrandir stammte, wo die Hauptnahrung aus Meeresfisch bestanden haben musste? Waren Forellen deshalb für sie kein Fisch? Oder waren Forellen etwas so Besonderes, dass man sie nur Forellen nennen durfte?

Ich unterhielt mich mit der Literaturwissenschaftlerin Ásta Kristín darüber, die auf dem Hof Arnarvatn aufwuchs und Expertin für die Bücher von Jakobína Sigurðardóttir ist. Sie versicherte mir, dass die Leute vom Mývatn keinesfalls über andere Fischsorten die Nase rümpfen würden. Jakobína habe in dieser Geschichte wohl nur eine regionale Ausdrucksweise benutzt – am Mývatn spricht man nämlich nie von Fisch, wenn man Forelle meint.

Die Einheimischen können sogar hervorragend zwischen unterschiedlichen Arten von Forellen unterscheiden. Bei einem Gespräch mit Starri von Garður kurz vor der letzten Jahrhundertwende stellte sich heraus, dass die Leute am Mývatn verschiedene Bezeichnungen für Forellen hatten, je nach Geschlecht, Zustand und Größe:

Flóasilungur wuchs mitten im See auf, wie alle Forellen, außer *Krús*.

Kræða war eine kleine Forelle.

Gála, Rogner, war eine geschlechtsreife weibliche Forelle und *Hængur*, Milchner, eine geschlechtsreife männliche Forelle.

Hængslápur war ein Milchner, der nicht fett war und wenig Fleisch hatte.

Maraslápur war eine Forelle, die lange in Tausendblatt (einer Wasserpflanze) gelegen hatte, besonders wenn sie viele Schnecken gefressen hatte.

Dusi oder *Hængdusi* war ein mittelgroßer Milchner, der fett, aber nicht schön war, und keinesfalls von der größeren Sorte.

Birtingur war eine noch nicht geschlechtsreife Forelle, die bereits schön, silberfarben, schwer und fett war.

Urriðagoggur war eine kleine Lachsforelle.

Lontur waren die Mickrigsten von allen, manchmal sagte man »so eine verdammte Lonta«.

Zu Starris Aufzählung lässt sich noch hinzufügen:

Krús ist eine kleinere und dunklere Variante des Saiblings.

Branda ist ein Wort, das die Leute am Mývatn für Forellen im Allgemeinen verwenden.

Ljósabranda sagen sie zu einem jungen Saibling.

Grámagi ist ein großer Saibling mit grauem Bauch und weißem Fleisch, sehr schmackhaft und besonders gut zum Räuchern, aber das wissen die wenigsten.

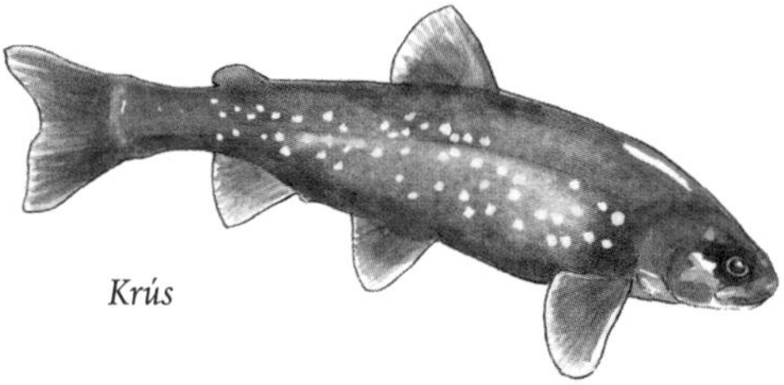

Krús

Hieran merkt man, dass es ziemlich einfallslos ist, eine Forelle als Fisch zu bezeichnen, wenn man aus einem derart großen Wortschatz wählen kann. Da wäre es naheliegend gewesen, nach *Birtingur* oder *Branda* zu fragen, schlimmstenfalls nach *Hængslápur*. Wobei der Mann natürlich eigentlich *Saltreyður* meinte, also geräucherte Forelle!

Dreistachliger Stichling

Die Schwankungen

Schwankungen in der Natur gab es schon immer, bei Fischwanderungen, Mückenschwärmen und der Anzahl von Vögeln und Küken, und es wurde viel darüber spekuliert. Gute und schlechte Jahre, genau wie in der Bibel. Wissenschaftler untersuchen die Schwankungen intensiv mit Hilfe von Bohrproben und Statistiken und versuchen, Ursachenzusammenhänge und Muster zu finden, damit wir unsere Umwelt und die Natur besser verstehen können.

Im Reisebuch von Sveinn Pálsson finden sich Tagebücher und Aufsätze aus den Jahren 1791-97. Darin beschreibt er seine Reisen durch Island, seine Beobachtungen zu Landschaft und Lebensweise. Sveinn verbrachte 1794 mehrere Tage in Reykjavík und notierte seine Beobachtungen zur Schwefelgewinnung am Námafjall, während seine Pferde in der Stadt beschlagen wurden. Er interessierte sich vor allem für Geologie und die Auswirkungen des Krafla-Ausbruchs, aber aus seinen Schriften lassen sich auch aufschlussreiche Informationen über den Mývatn und den dortigen Lebensraum herauslesen:

> *Der Bauer auf dem Hof (Reykjahlíð), Jón Einarsson, ist ein gutaussehender Mann, der uns freundlich empfing. Er kam just von der Heuernte auf einer der Inseln im Mývatn. Er hat sein gesamtes Leben auf dem Hof verbracht und übernahm ihn von seinem Vater. Er ist um die sechzig, trägt sein Alter indes mit Stolz, ist kürzlich mit einer jungen, tüchtigen Frau in den Ehestand getreten und hat insgesamt siebzehn Kinder und sechsunddreißig Enkelkinder. Er klagte, die Forellenfischerei im Mývatn sei im Sommer enttäuschend gewesen, infolge von zu großer Trockenheit, wie er es ausdrückte. Ebenso sagte er, man habe in diesem Sommer entgegen aller Gewohnheit keine nennenswerten Mückenstiche zu verzeichnen.*

Werfen wir auch einmal einen Blick auf die Schriften von Jón Gauti Pétursson von Gautlönd, der zwischen 1935 und 1960 Aufsätze verfasste, die er *Berichte aus der Mývatn-Region 1850-1900* nannte und seinen Nachkommen vermachte. Jón Gauti schreibt darin, es sei allseits bekannt, dass das Anglerglück am Mývatn schon seit jeher Schwankungen unterlegen habe, und so sei es auch in der zweiten Hälfte des 19. Jahrhunderts gewesen. Er habe auf drei Höfen – Skútustaðir, Geiteyjarströnd und Kálfaströnd – Erkundigungen über die Fischerei in den Jahren 1874-79 eingeholt. Lediglich in Skútustaðir war der Fischfang dokumentiert worden. Dort hatte man in den ersten drei Jahren dieses Zeitraums durchschnittlich 22 500 Forellen pro Jahr gefischt, in den letzten drei Jahren jedoch nur 7000 Stück pro Jahr. Dies weist auf große Schwankungen im Fischbestand hin. Auf den anderen Höfen wird der Fang entweder als gut, mittelmäßig oder gering bezeichnet, und Sigurður von Geiteyjarströnd sagt, im Jahr 1875 habe man im Sommer eine beträchtliche Menge an Forellen als Nahrungsmittel hinzukaufen müssen.

In früheren Zeiten waren die Leute der Ansicht, dass solche Schwankungen in der Regel sieben Jahre am Stück anhielten und mit der Wachstumszeit der Forellen zusammenfielen, dass es sich bei jeder Fangperiode demnach um ein und denselben Jahrgang handelte. Diese Behauptung lässt einen aufhorchen, und – wer hätte das gedacht! – sie stimmt mit den modernen Forschungen der Biologen von Ramý mittels Bohrproben überein. Diese siebenjährigen Perioden lassen sich schwarz auf weiß an der Biosphäre des Sees ablesen. Leider wird auch deutlich, dass der heutige geringe Fischbestand im See über diese siebenjährigen Perioden hinausgeht, er ist absolut und anhaltend. Es handelt sich nicht mehr um natürliche Schwankungen in der Biosphäre. Der Saibling im Mývatn ist vom Aussterben bedroht.

Wenn ich mir Aussagen aus Gesprächen mit ortsansässigen Bauern und Fischern ins Gedächtnis rufe, läuft es immer wieder auf dasselbe hinaus. Böðvar von Gautlönd, ein wichtiger Mann in der Gemeinde, der mich bei einer interessanten Unterhaltung im Sommer 2005 über alte Zeiten und Traditionen aufklärte, sagte: »Der See ist mehr oder weniger ruiniert und zerstört!« Zwei Jahre später sprach ich lange mit Jón von Vindbelgur in seinem Wohnzimmer. Er war schon alt und gebrechlich, plauderte aber dennoch gern über vergangene Zeiten. »Ich war jeden Winter Eisfischen, aber es gibt keine Forellen mehr im Mývatn. Es sind jedes Jahr weniger geworden. Als ich zwölf Jahre alt war, brachten wir noch siebenhundert Forellen nach Hause, das waren große Forellen, bis zu zwei, drei oder vier Pfund schwer …

Nein, heute fängt man im Mývatn nichts mehr.« 2009 führte ich ein langes Gespräch mit Árni von Garður über den Fischfang, Forellen und vieles mehr. Er hatte Folgendes zu sagen: »Ich habe die Veränderung zum ersten Mal 1969 bemerkt, im Sommer. Da war der Fisch völlig anders, die Farbe des Wassers, alles völlig anders. Und so ist es heute immer noch.«

Und der Jüngste, Gylfi von Skútustaðir, bestätigte mir ebenfalls, dass sich der Forellenfang im See um 1970 verschlechtert hat. Vorher hatte es immer genug Fische gegeben. »Es gab natürlich auch Tage, an denen man nicht so viel fing, aber da hatte man trotzdem noch zwanzig Stück! Diesen Sommer habe ich kein einziges Mal zwanzig Stück gefangen!« Das war im Jahr 2007.

Leben vom Fischfang

Hören wir uns genauer an, was Gylfi, der Fischer und Räucherer von Skútustaðir, zu sagen hat. Er wurde kurz nach der Mitte des zwanzigsten Jahrhunderts geboren, und sein Leben ist eng mit der Geschichte des Sees verknüpft. Er ist einer der letzten Bauern am Mývatn, die Fischfang betreiben, und erwirtschaftet sein Auskommen immer noch größtenteils mit der Räucherhütte in Skútustaðir. Gylfi hat schon als kleiner Junge Forellen gefischt, geräuchert und verkauft. Sein Onkel Jón brachte ihm alles über das Fischen und die Konservierung der Forellen bei. Gylfis Familiengeschichte ist interessant und gibt Einblick in die früheren Lebensbedingungen der Menschen am See.

Gylfi erzählt mir seine Geschichte im Verarbeitungshaus direkt gegenüber der Räucherhütte. Unten an der Nationalstraße steht ein schönes, handgemaltes Schild, das mit Sommerblumen verziert ist und Räucherforellen zum Verkauf anbietet. Gerade wird geräuchert, und der Geruch aus der Räucherhütte vermischt sich mit dem Jauchegestank aus dem Kuhstall nebenan. Gylfi trägt beim Forellenausnehmen eine große Schürze, bietet mir einen Platz in der Ecke an und arbeitet weiter, während er erzählt. Seine Großeltern zogen mit drei Söhnen nach Skútustaðir. Der Großvater, Kristján, ersteigerte einen Teil des Landes mit nichts in den Händen, außer dem Versprechen für ein Darlehen von drei alten Männern in Geiteyjarströnd. Die Männer waren reich, ersetzten im Grunde die Bank in der Gemeinde und sagten ihm, er solle einfach weiterbieten, bis er das Land bekäme. Sie würden ihm Geld leihen, und als Gegenleistung dürften sie auf den besten Wiesen von Skútustaðir und auf der Insel Mikley Heu machen, bis die Schuld abbezahlt wäre. Kristján wurde als verrückt angesehen, sich darauf einzulassen, völlig mittellos. Es gab keine intakten Gebäude auf dem Grundstück, und mit dem Kauf waren Pflichten verbunden, zum Beispiel für die Verkäufer des Landes zu arbeiten.

Das Stück Land kam tatsächlich in Kristjáns Besitz, und das junge Paar zog mit seinen drei Söhnen und einer Kuh von Haganes nach Skútustaðir. Kristján ging sofort mit den Jungen Forellen fischen. Sie angelten, räucherten und verkauften Forellen, Tag ein, Tag aus. Nach zehn bis fünfzehn Jahren hatten sie es geschafft, ein stattliches Haus zu bauen, Zäune zu setzen und das Stück Land abzubezahlen – alles mit Forellen aus dem Mývatn!

Gylfi richtet sich auf und wirft eine geplättete Forelle auf ein Tablett. Er war erst neun oder zehn Jahre alt, als er alle Arbeiten gemeinsam mit seinem Onkel Jón erledigte. Es stellte sich schnell heraus, dass der Junge Spaß am Fischen hatte, im Gegensatz zu seinen vier Brüdern, dass er gern Fische ausnahm und auf den See ruderte und bei allem mitmachte. Gylfis Stimme klingt fern und verträumt, als er über diese Zeiten spricht. Beim Erzählen nimmt er weiter Forellen aus, die anschließend in die Räucherhütte kommen.

Manchmal fingen sie unglaubliche Mengen. Einmal ruderten Onkel und Neffe über den Teich Stakhólstjörn, liefen die fünf- bis sechshundert Meter hinüber zum Mývatn zu einem dort vertäuten Boot und ließen es zu Wasser. Gegen Mittag hatten sie hundert Forellen gefangen, trugen sie in Jutesäcken zurück zu dem anderen Boot und ruderten nach Hause. Bei der Heuernte war gerade nichts zu tun, sodass die anderen Hofbewohner die Fische entgegennehmen und verarbeiten konnten. Jón und Gylfi aßen einen Happen und ruderten dann mit den Netzen wieder hinaus. Sie waren bis zehn Uhr am Abend beschäftigt und fingen zweihundertfünfzig Forellen!

Gylfi lacht und wischt sich mit dem Gummihandschuh Fischschleim von der Stirn. Dann wendet er sich wieder den Forellenfilets zu, die den langen Weg von den Färöer Inseln hergekommen sind und nach der Verarbeitung zu Räucherfisch vom Mývatn werden. Er erinnert sich weiter:

– Da war ich ungefähr zehn Jahre alt. Als wir am Abend nach Hause kamen, in Hochstimmung nach dem erfolgreichen Tag, nahm Mama uns in Empfang und schimpfte mit uns, ob man den armen Jungen umbringen wollte! Ich weiß das noch ganz genau, ich war richtig irritiert und wütend. Für mich war das keine Schufterei, sondern ein Riesenspaß!

Arktischer Schuppenschwanz

Die Räucherhütte

Als Gylfis Großeltern nach Skútustaðir zogen, gab es noch keine Räucherhütte, nur alte, verfallene Torfhäuser, einen Stall und eine Scheune, die sie ausbesserten und zu einer Räucherhütte und einem Pferdestall machten. Dort lernte Gylfi die Kunst von seinem Onkel.

Das Wichtigste bei einer Räucherhütte ist der getrocknete Dung, ohne guten Dung läuft gar nichts. Es muss Schafdung sein, und früher benutzte man am liebsten Dung von Schafen, die draußen gegrast und Heidekraut gefressen hatten. Als sich die Heuernte änderte und man kein getrocknetes Heu mehr verarbeitete, sondern begann, Silageballen zu pressen, die feuchtes und energiereicheres Heu enthalten, blieben keine Reste mehr in den Futterkrippen liegen. Die Schafe fraßen alles auf. Deshalb fehlten die trockenen Heureste, die man früher zusammengefegt und in den Boxen verteilt hat, wo sie mit dem Mist zusammengepresst wurden. Um heute guten Dung zu bekommen, muss man abgestorbenes Gras mähen und aufbewahren und es mit dem Mist vermischen, um ihn zu binden. Der Dung darf nicht zerbröseln, sonst hält er die Glut schlecht. Allerdings darf er nie brennen, sonst wird es zu heiß in der Räucherhütte, und der ganze Fisch verdirbt. Darauf muss man achten, wenn man neuen Dung, der trockener ist als der alte, hinzufügt, denn er kann entflammen und alles ruinieren.

Der Fisch räuchert drei Tage lang und wird die ganze Zeit gedreht und gewendet. Das ist eine große Kunst, man muss ständig in Bereitschaft sein und alles genau im Blick haben.

Lebensgrundlage im Winter

Im Mývatn durfte nicht jeder fischen. Schon früh stellte man Regeln auf, die später auch für andere Seen in Island gesetzlich verankert wurden. Ein breiter Uferstreifen gilt als Hoheitsgebiet und privater Fanggrund desjenigen, dem das Land am Ufer gehört. Der Streifen misst vom Strand aus 115 Meter, alles andere ist in öffentlichem Besitz. Doch nur wer Land am See besitzt, darf dort Netze auslegen. Eisfischen dürfen hingegen alle.

Die Leute am Mývatn haben schon immer aus Eislöchern gefischt, was im Winter stets ein gesellschaftliches Ereignis war. Böðvar Jónsson, der auf Gautlönd wohnte, einem ansehnlichen Gehöft einige Kilometer landeinwärts südlich des Sees, erzählte mir, im Grundbuch von Árni Magnússon und Páll Vídalín aus dem Jahr 1712 habe gestanden, jeder dürfe das Angelrecht nutzen, selbst wenn er kein Land am See besäße. Böðvar setzte sich eine Zeit lang erfolglos dafür ein, doch am Ende war es ihm egal, weil der See seiner Ansicht nach ohnehin mehr oder weniger ruiniert und zerstört war.

Wenn sich früher die Schifffahrt aus dem Ausland aufgrund von Treibeis bis weit in den Sommer hinauszögerte und kein Getreide zu kriegen war, stellten die Forellen aus dem Mývatn die wichtigste Nahrungsgrundlage für die Bewohner in der Region dar. Wenn viel gefischt wurde, zogen Packpferdezüge vom Mývatn los, und die Höfe am See erzielten erhebliche Einnahmen durch den Forellenverkauf. Doch so manch eine Forelle wird wohl auch für kleines oder gar kein Geld aus der Hand gegeben worden sein.

Im gesamten 19. Jahrhundert und bis ins 20. Jahrhundert hinein kamen Leute aus anderen Regionen zum Mývatn, um dort für kürzere oder längere Zeit eiszufischen. Die Saison begann im Spätwinter, dann strömten die Leute von überall her zum

See, aus dem Höfðahverfi am Eyjafjörður und aus dem Möðrudalur im Osten und aus Þeistareykir im Norden.

Am Mývatn musste gewiss niemand Hunger leiden, dank der Forellen. Es gab immer viele Gäste, die sich zum Eisfischen auf den Höfen einquartieren. Jón von Vindbelgur erzählte mir, im Frühling hätten sich auf jedem Hof mindestens vier Männer aus den Tälern zum Eisfischen aufgehalten, um sich und ihre Familien zu ernähren. Er erinnerte sich an Leute aus den tiefer gelegenen Regionen, die so arm waren, dass sie die Flicken für ihre Schaflederschuhe in Molke einlegten und aufaßen, weil sie nichts anderes hatten.

Die Leute begaben sich mit den notwendigen Utensilien und Angelgeräten hinaus auf den See, möglichst dick eingepackt. Um sich warm zu halten, trug man gern Ringkämpfe aus. Gylfi von Skútustaðir erzählte mir eine Geschichte, die er zufällig in einem Tagebuchauszug über Haganes gelesen hatte, wo sehr viele Besucher zum Eisfischen hinkamen. Nach Haganes ritten vor allem Männer aus dem Reykjadalur und dem Aðaldalur, verbrachten eine ganze Woche auf dem Hof und durften dort ihre Pferde unterstellen, während sie angelten, Forellen ausnahmen und sie im Schnee eingruben. Nach einer Woche wurde der gesamte Fang aufs Pferd geschnürt, und man machte sich auf den Heimweg. Die Leute wussten sich nicht anders zu helfen, und es galt als selbstverständlich, dass sie für Kost und Logis nichts bezahlen mussten.

Saibling

Bei Haganes gibt es einen Krater namens Ytri-Hamar, der weit in den See hineinragt. Einmal fischte eine Gruppe Männer südlich des Steilhangs auf dem Eis, und eine ebenso große Gruppe nördlich des Steilhangs. Sie konnten einander nicht sehen. Normalerweise fing man morgens am meisten, mittags weniger und am Abend wieder mehr. Und einmal, als gerade nicht viel Fang gemacht wurde, erklomm einer der Fischer den Felsen, rief die Männer auf der anderen Seite und forderte sie zum Ringen auf. Von beiden Seiten kamen nun Männer herbei, kletterten auf den Felsen und trugen dort einen Ringwettkampf aus. Sie ließen keine Langeweile aufkommen, diese wackeren Eisfischer.

Eisangel und Made

Die traditionelle Eisangel war ein Gerät mit einem Handgriff aus Horn oder Holz und einer daran befestigten Schnur, an deren Ende sich ein Senkblei und ein Angelhaken befanden. Als Köder verwendete man die Maden von Schmeißfliegen. Um Maden zu bekommen, grub man im Sommer ein flaches Loch in den Boden und füllte es mit Fischinnereien und anderem organischem Abfall. Die Fliegen legten dann dort ihre Eier ab, und die Maden schlüpften. Man durfte nicht zu früh damit anfangen, denn dann konnte es passieren, dass die Maden sich verpuppten und wegflogen. Um ihre Entwicklung im Blick zu behalten, stach man rund um das Loch Torf aus und überprüfte, ob die Maden begonnen hatten, in den umliegenden Boden zu kriechen. Wenn dies der Fall war, wurde das Loch geschlossen. Dann bestand keine Gefahr mehr, dass die Maden sich verpuppten und wegflogen, sondern sie gruben sich in den Boden. Zu Beginn der Eisangelsaison schlugen die Männer gefrorene Torfstücke heraus, nahmen sie mit nach Hause und tauten sie in der warmen Stube auf, sodass die Made wieder zum Leben erwachte. Man schlug nur für ein bis drei Tage Torf heraus und bewahrte die Maden in den Torfstücken auf. Wenn der Boden um die Made taute, musste man sie so verwahren, dass man sie griffbereit hatte, wenn man einen Köder brauchte. Dazu schob man sich die Made in den Mund vor die Zahnreihe. Sie wurde warm, erwachte zum Leben, quoll auf und wurde so zu einem viel aussichtsreicheren Köder!

Die eifrigsten Angler besaßen spezielle Madenhörner, meistens Kuhhörner, wobei Hörner von Leitschafen auch nicht zu verachten waren. Das Horn wurde ausgehöhlt und mit einem Boden versehen, der sich mit einem Pfropfen schließen ließ, und darin bewahrte man die Maden auf. Wenn man nicht alle Maden aus dem Horn verwendet hatte, legte man es draußen in den Frost, damit man es am nächsten Tag wieder mitnehmen konnte. Doch da gefrorene Maden keine guten Köder waren, nutzten die Männer dieselbe Methode wie bei den Maden aus den Torfstücken: Sie steckten sich ein paar Stück in den Mund, um sie aufzutauen und schneller verwenden zu können. Na dann, guten Appetit!

Draußen auf dem Eis saßen die Männer auf selbst angefertigten Kisten, in denen der Fang gelagert wurde. In jede Kiste passten dreißig bis fünfzig Forellen, und es galt als schlechter Tag, wenn man es nicht schaffte, die Kiste zu füllen.

Bei beißendem Frost hatten die Männer spezielle Eispickel dabei, große, schwere Holzschäfte mit Eisenkeilen. Man brauchte einen guten Eispickel, um Löcher ins Eis zu schlagen, wenn man angeln oder unter der Eisfläche Netze auslegen wollte. Im Herbst prüften die Männer das Eis mit dem Eispickel und tasteten sich vor, um herauszufinden, ob die Eisfläche fest genug war, um sie zu betreten. Auch im Frühling, wenn das Betreten gefährlich wurde, war ein guter Eispickel unerlässlich, um das Eis zu testen.

Die alten Männer wussten genau, wo die Forellen zu finden waren. Sie kannten die Strömungslinien, in die die Fische zum Fressen schwammen, gingen über das Eis und probierten es hier und dort. Wenn einer Glück hatte und etwas fing, kamen die anderen, schlugen ein Loch ins Eis und hielten die Schnur hinein, um herauszufinden, wie die Strömung floss. Dann angelten sie in der Strömungslinie vor dem Glückspilz und passten die Fische ab. Das nannte man »jemanden ablochen«, und diejenigen, die später kamen, konnten dem Ersten ohne Weiteres den gesamten Fang abluchsen. Das war ganz normal – wenn einer den anderen ablochen konnte, dann machte er es. Gylfi von Skútustaðir erzählte mir, er habe das als Junge unverschämt gefunden, aber man habe ihm gesagt, das sei eine Kunst!

Dennoch gab es gewisse Gepflogenheiten auf dem Eis. Zum Beispiel gab es einige Eislöcher, in denen man immer etwas fing, und es galt als ungebührlich, sie auf diese Weise abzulochen. Wer im Herbst ein solches Eisloch besetzte und dort zu angeln begann, dem gehörte das Loch, und niemand luchste es ihm ab. Wenn er jedoch fertig war, zusammenpackte und ging, konnte es passieren, dass ein anderer kam und ihn um Erlaubnis fragte, das Eisloch zu übernehmen. Der »Besitzer« konnte das erlauben, aber auch ablehnen – und das wurde respektiert.

Die Traditionen, die sich in der Region rund um das Eisfischen entwickelt hatten, verschwanden praktisch Mitte des letzten Jahrhunderts. Das Forellenfischen war zwar nicht mehr so lebensnotwendig wie vorher, aber die Einheimischen betrieben weiter Eisfischen. Sie angelten bis nach 1970 mit

Wald-Storchschnabel

Maden, danach verwendete man gefrorene Krabben als Köder, die man im Laden kaufen konnte. Die alten Angler rümpften darüber die Nase, doch mit Krabben wurde tatsächlich ungefähr genauso viel gefangen, und sie waren wesentlich einfacher zu kriegen, sodass sie die Maden bald ablösten.

Mit den Forellen verschwinden eine ganze Kultur, viel Wissen und Traditionen aus dem See. Die Fischergesellschaft, die sommers wie winters unzählige Fangmethoden beherrschte, mit Angelgerätschaften umgehen und die Nahrung aus der Natur auf verschiedenste Weise verarbeiten und konservieren konnte, geht ihrem Ende entgegen.

Das Forellenparadies

Árni Einarsson und ich sitzen auf einem Hügel, und ich betrachte den See und das Lichtspiel, während er mit einem neuen Gerät herumhantiert. Es ist eine Drohne, die mit einer Kamera im Bauch herumfliegen und sogar in der Luft stillstehen kann, wie eine Küstenseeschwalbe.

Der See bietet ein ewiges Schauspiel. Nach einem lang anhaltenden wolkenlosen Himmel, Bläue und kleinen weißen Wölkchen braut sich nun etwas zusammen, und graue Wolkenbänder legen sich auf die Landschaft. Treibgutstreifen ziehen sich auf dem leicht gekräuselten Wasser gen Osten. Der See, der im Sommer mit Vögeln und Kükengruppen getüpfelt war, ist fast leer, die meisten Enten haben sich in wärmere Gefilde begeben, die Küstenseeschwalbe ist längst auf der Heimreise und der Eistaucher draußen auf dem Meer. Die Herbstsonne bricht durch die Wolkenbänke, beleuchtet die Inseln im stahlgrauen

Wasser und färbt die Berghänge mit Streifen und Placken. Da sind Bláfjall und Sellandafjall, fernblau und formschön, jeder auf seine Weise. Der Bláfjall hat eine weiße Nachtmütze aus Schnee übergezogen, der Winter ruft sich in Erinnerung.

Im Nordosten bricht die Sonne durch ein unsichtbares Loch in der dichten Bewölkung und beleuchtet die heißen Quellen von Námaskarð. Es ist eindrucksvoll, wie oft die Sonne dort, und nur dort scheint, obwohl es sonst überall bewölkt und schattig ist. Die alten Leute hatten eine Redewendung für dieses Phänomen und sagten: Jetzt scheint die Sonne im Arsch!

Ich bin weniger zünftig und habe des Öfteren überlegt, ob der Allmächtige dort auf uns Erdenbewohner hinabschaut …

Doch nun haben wir überraschend eine Teilhabe an Gottes Auge erlangt. Manchmal wird ein neues Gerät erfunden und eröffnet uns einen anderen Blickwinkel, zeigt uns eine Welt, die uns vorher verborgen war. Wie etwa das Hubble-Teleskop, das uns neue und unzählige Galaxien eröffnet. Und diese Drohne – sie zeigt uns jetzt, was unter der noch relativ ruhigen Oberfläche des Sees geschieht, als wären wir ein allwissender Gott, der vom Himmel hinunterschaut.

Die Drohne hebt mit leisem Zischen ab – die Rotoren wirbeln immer schneller im Kreis, bis sie wie ein einziges Rad aussehen – und steuert hinaus über die Wasseroberfläche. Die Kamera ist nach unten auf den See gerichtet, und auf dem Computerbildschirm können wir sehen, was sie aufnimmt. Das Wasser ist kristallklar, und darin erkennen wir ganz deutlich mehrere Saiblingpaare beim Liebestanz unten auf dem Grund. Die Paare drehen sich über kleinen schwarzen Flecken auf dem lehmgrauen Grund im Kreis, wie Räder in einer Maschine.

Wir fliegen über einem Laichgebiet, an dem es viele Quellen gibt und der See nie zufriert. Jetzt sieht man die Laichplätze genau: mehrere schwarze Flecken mit schätzungsweise jeweils zwei Metern Durchmesser und etwa fünf Metern Abstand zueinander. Es sind die Rogner, die Weibchen, die die Laichplätze ausgewählt, die helle Lehmschicht von der schwarzen Kiesschlacke gewischt und alles vorbereitet haben. Sie arrangieren das Liebesnest und laden ein.

Durch das Auge der Drohne sehen wir, wie sich ein Weibchen zur Seite neigt und hektisch mit der Schwanzflosse gegen den Untergrund schlägt, um den Boden zu säubern. Dort wird sie ihren Laich absetzen. Neben ihr ist ein Milchner, viel größer als sie, ein prächtiges Exemplar mit feuerrotem Bauch, schwarzem Rücken und schneeweißen Streifen auf den Flossen. Ein stattlicher Kerl. Wir beobachten ihn eine Weile und lassen die Flugkamera so nah wie möglich über ihm schweben, ohne ihn aufzuschrecken. Vielleicht ist dies das erste Mal, dass jemand den Saibling in seiner zweitausendjährigen Geschichte im Mývatn beim Laichen beobachtet. Wir sehen, wie der Milchner die Stelle für einen kurzen Moment verlässt und einen heranschwimmenden Konkurrenten verscheucht, der widerstandslos zurückweicht. Unser Milchner gleitet zurück zu seinem Weibchen, und sie drehen sich über ihrem Heim im Kreis. Es sieht so aus, als versuchte er, sie einzukesseln, aber Untersuchungen haben gezeigt, dass Milchner ein Parfüm verströmen können, das zum Liebespiel anregt.

Urplötzlich ist ein neuer Milchner in sein Territorium eingedrungen. Dieser ist gleich groß und genauso farbenprächtig. Ein paar Sekunden lang messen sich die beiden gegenseitig ab, schwimmen ruhig Seite an Seite, und dann geht auf einmal alles ganz schnell. Mit einem abrupten Schwenk dreht sich das heimische Männchen zu dem ungebetenen Gast und rammt ihn mit solcher Wucht in die Seite, dass er fortgeschleudert wird, und dann wirbeln beide an der Wasseroberfläche, sodass ihre feuerroten Bäuche und weiß umrandeten Flossen aufblitzen.

Wir schicken die Kamera in die nächste Bucht, und dort läuft es ähnlich ab: eine Ansammlung schwarzer Laichplätze, und über jedem kreist ein Forellenpaar, ausschließlich Saiblinge, Lachsforellen laichen anderswo. Doch in dieser Bucht sichten wir auch geheimnisvolle Männchen, die umhergleiten, schlanker, gräulich am Rücken und mit blassen Streifen auf den Flossen. Vielleicht haben sie sich als Weibchen verkleidet, um unbehelligt zu den Laichplätzen zu gelangen. Indem sie ihre Identität verschleiern, schaffen sie es womöglich, einen Teil des Laichs zu befruchten. Hier gibt es noch viel zu erforschen.

An den Laichplätzen herrscht reges Treiben, obwohl die Forellenpopulation auf dem Tiefstand ist.

Wir lassen die Drohne in die übernächste Bucht fliegen. An ihrem Ufer stand Valdis altes Haus. In dem klaren Quellwasser auf dem Seegrund entdecken wir ein weiteres Laichgebiet. Ob das Leben im Forellenparadies wieder erblüht? Tragen die Schutzmaßnahmen und Fangbeschränkungen der letzten Jahre endlich Früchte? Es besteht zumindest Hoffnung …

Valdis Haus gibt es nicht mehr, aber wenn die Drohne nicht nur eine Kamera, sondern auch eine Zeitmaschine im Bauch trüge, könnten wir sie durch das Fenster ins Dachzimmer schicken und lesen, was der alte Mann an dem abgenutzten Schreibtisch über seinen Angelsee und dessen Niedergang schreibt:

Mich persönlich betreffen diese Probleme nicht mehr so stark. Mein Arbeitsleben neigt sich dem Ende entgegen. Bald segne ich das Zeitliche und habe keine Nachkommen. Bei den meisten ist das anders, und denen wünsche ich nur das Beste, von ganzem Herzen. Ich sehe es so, dass jede Generation die Pflicht hat, der Zukunft, der kommenden Generation alle Naturschätze und Lebensmöglichkeiten in ebenso gutem oder gar besserem Zustand zu hinterlassen, wie sie sie vorgefunden hat.

Nachwort

Die blaupolierte Kragenente, die unter einem Ufervorsprung hervorschießt und durch die Stromschnellen quer über die Laxá saust, befindet sich in einer unsichtbaren Verbindung zu dem Saiblingmännchen, das seelenruhig in den Quellen am Ostufer des Mývatn vor sich hin treibt. Das Ei einer Spatelente in einer kleinen Höhle ist untrennbar mit dem winzigen Plankton im Mývatn verbunden. Der riesengroße Blauwal draußen im Meer vor der Mündung der Laxá sucht sich seine Nahrung in Lebenskreisläufen, bei denen der Mývatn gewiss eine Rolle spielt. Ein Lebensraum besteht aus Verbindungen. Der Mývatn besteht aus Verbindungen.

Jeder versteht, dass der Schutz der Natur des Mývatn und der Laxá wichtig ist. Doch Schutz ohne Verständnis für die Biosphäre verfehlt ihr Ziel. Unsere Naturwissenschaftler arbeiten intensiv daran, Fragen über die Zusammenhänge in der Biosphäre zu beantworten. Doch deren geheime Fäden sind weit verzweigt. Es braucht Zeit, um sie alle zu verfolgen, und stets kommt dabei etwas Überraschendes ans Licht.

Selbst wenn wir in der Biosphäre nicht alles verstehen, haben wir ein Empfinden für die Schönheit dieses Zusammenspiels. Die Kenntnis über den ewigen Kreislauf zwischen den kleinsten und den größten Lebensformen weckt ein solches

Empfinden in uns. Das gilt auch für die lautlosen Mikroben, die im morgenstillen See schwimmen, für chaotisch anmutende, tonverliebte Mückenschwärme und für das Flügelschlagen der Spatelente, die zum Flug ansetzt und unter den wachsamen Augen der Berge auf einen versteckten Brutplatz zusteuert. Wir spüren die Schönheit der Geheimnisse des Mývatn, über die wir vielleicht nichts wissen, an deren Existenz wir jedoch glauben.

Das Zusammenspiel am Mývatn lässt uns über unseren eigenen Platz in der Natur nachdenken, sei es in Bezug auf die Welt, auf die Erde als unser Zuhause, sei es in Bezug auf das Land, auf die Berge oder die Umgebung. Es lässt uns über den Platz des Mývatn auf der Erde nachdenken, auf der Naturgebiete stetig zurückgehen. Auf der eine Art nach der anderen ausstirbt, manche ohne unser Wissen oder unsere Anteilnahme. Veränderungen gehen schnell vonstatten, und es bleibt nicht mehr viel Zeit. Die Biosysteme von Land und See und Meer brauchen strategische Maßnahmen, damit wir retten können, was noch zu retten ist. Es geht um jede Parzelle, jeden Berg, jede Region und jeden Bezirk, jede Bucht, jeden Golf und jeden Fjord – jeden See. Und um die Wunder des Mývatn.

Danke für Gespräche und wertvolle Informationen:

Árni Einarsson
Árni Halldórsson
Ásta Kristín Benediktsdóttir
Bjarni Kristófer Kristjánsson
Böðvar Jónsson
Finnbogi Stefánsson
Gerður Benediktsdóttir
Gylfi Yngvason
Hjördís Finnbogadóttir
Jón Aðalsteinsson
Kári Þorgrímsson
Margrét Hildur Egilsdóttir
Skúli Skúlason
Örnólfur Jóhannes Ólafsson

Kragenente

Quellennachweis

Halldór Laxness: Atomstation. Aus dem Isländischen von Hubert Seelow, Steidl Verlag, Göttingen 2011.

Jóhannes Sigfinnsson: Hundertjähriges Jubiläum des Lesevereins am Mývatn. Morgunblaðið, 23. März 1958.

Halldór Laxness: Die Islandglocke. Aus dem Isländischen von Hubert Seelow, Steidl Verlag, Göttingen 2011.

Björn Sigfússon (Hg.): Ljósvetninga saga með þáttum. Reykdæla saga ok Víga-Skútu. Hreiðars þáttr. Hið íslenzka fornritafélag, Reykjavík 1979.

Sveinn Pálsson: Reisebuch von Sveinn Pálsson, Tagebücher und Aufsätze 1791-1797. Örn og Örlygur, Reykjavík 1983.

Bildnachweis

Aquarelle: Margaret Davies (Pflanzen); Árni Einarsson (alle anderen)

Nature Picture Library, Bristol: Vorsatz, Seite 24 (Wild Wonders of Europe/Bergmann); 6 (Wild Wonders of Europe/Carwardine); 52 (Erlend Haarberg)

Alle weiteren Fotos stammen von der Autorin.